中公新書 599

波多野誼余夫
稲垣佳世子 著

無気力の心理学 改版

やりがいの条件

中央公論新社刊

まえがき

無気力の蔓延(まんえん)、というのは、私たちの「ある程度豊かだが、人間的とはいいがたい」社会を特徴づけるものではあるまいか。高校生の「三無(さんむ)主義」や「五無(ごむ)主義」には、きまって無気力という項目が入っている。せっかく大学に入っても、知的興味にかられて探究を行なうのは、ごく少数だ。いや、おとなとて、エリート・コースを走るモーレッ社員を別にすれば、なんとなく気力が充実しないという人のほうがずっと多数派だろう。

無気力が、勉学や労働の分野に限られているのならば、まだよい。いや、知識の詰め込みや生産性第一主義、これを支える管理の強化への「人間的な」反抗とさえいえるかもしれない。しかし、趣味の世界でさえも、全精力を投入しようとしない、とか、対人関係もつきあいが浅くなった、というように、無気力ぶりが生活全般に浸透しているとすれば、これは重症といわねばならない。

こうした現象の本質を、より広い視野から理解しようとするのには、動機づけの心理学で最近注目されている、「獲得された無力感」や「効力感」という概念が役立つのではないか、と私たちは考えた。そこで、この概念をめぐる研究成果を紹介しつつ、一方では社会的現実にも目を向け、この両者を往き来しながら「無気力の心理学」を構想してみたのが、本書である。

「獲得された無力感」という概念は、最近の十年間に、心理学のさまざまな分野で扱われてきた。これは、認知、とくに自分の努力の効果についての受け取り方が、意欲のいかんにおおいに影響する、と説く立場をとる。つまり、自分がいくら努力しても、それが現在ある不都合（苦痛や生理的欠乏ないしはそれになぞらえられる知的課題での失敗など）を解消するのに役立たないと認知されると、いわば努力一般が信頼されなくなり、「どうせダメさ」といったアキラメ的態度が生まれてくる、というのである。本書の第1〜3章では、この概念をめぐる研究を紹介した。

無力感の反対が、効力感、すなわち、「努力すれば好ましい変化を達成できる」という自信や見通しをもつだけでなく、それがバネになって意欲的に生き生きと環境に働きかけている、という状態であろう。人間はある意味ではゼイタクにできていて、無力感におちいってはいなくても、効力感が欠如しているとやはり無気力になるものらしい。とくに、生物としての生存が（社会がある程度豊かになったことにより）ひとまず保証されると、このことが目立つようになる。

それでは、効力感はいかにして獲得されるのか。心理学者のなかにも、自分の努力によって苦痛から逃避できたとか、がんばったら問題が解けたとかいう経験をもたせれば、それが即効力感の形成につながる、と考える人が少なくない。しかし、人間の場合には、こうした経験によって永続きする効力感が形成されるとは限らない。いいかえると、効力感がもてるためには、無力感からの自由以上のものが必要だ、と私たちは考える。この点を、とくに自律性の感覚、他者との暖かい交流、熟達や自我機能との関連から第4～6章で論じた。

おそらく、現代人の無気力の多くは、「獲得された無力感」よりも、「効力感の欠如」によるものではなかろうか。これは、生産性第一主義の管理社会のもとでは避けがたいことであるように思われる。生産性を高めることが結局はみんなの幸福につながる、という名目で、それに直接貢献しそうにない熟達や能力を発揮する機会は大幅に切り捨てられる。管理社会といわれるように、今日の日本社会は、すっかり管理がいきとどいてしまって、冒険や探索を行なうことがむずかしくなってきている。おかげで、ひどい失敗を経験することも少ないかわりに、自分なりに工夫してものごとをやりとげた、という成就感にも乏しい。また、管理社会では、とかく「安全第一」が尊ばれがちだから、人々は、「なんとしても」なしとげたい目標を探してこれをめざすかわりに、苦痛や欠乏からの自由を確保することにもっぱら関心をそそぐ。これらが彼らの効力感を失わせ、無気力をもたらしている主たる原因なのではあるまいか。

そこで第7～9章では、効力感を伸ばすための教育的、社会的条件をさぐり、若干の改善策を示唆することを試みた。なんとか「やりがいの条件」を見出そうとした、ともいえよう。私たちは決して生産性を高めることの価値そのものを否定するのではない。しかし、短期的に目標達成を最大にすることをめざし、生活のほかの側面を無視して管理を強化していくと、じつは、長い目で見たときには、生産性を高めること自体も不可能になってしまうのではなかろうか。学校で知識を獲得させ、知力を伸ばそうとする試みについても、同じことがいえるだろう。目先の効率を追求しすぎると、学習者の効力感が失われ、意欲の低下を招くから、結局は教育の効果があがらなくなる。

いっそうの豊かさを求める「人間らしい」やり方を工夫していくためには、これまでよりもっと豊富な想像力と柔軟な思考が要求される。心理学的知見も、こうした文脈で利用されるのでなければならないと思う。人間の本質が能動的で好奇心に富み、環境と生き生きと相互交渉しつつ熟達を求めていく存在だ、ということと、誰にもこうした人間本来の生き方が可能になるためには、学校や社会の側にそれなりの変革が必要だ、ということとは、決して矛盾するものではない。

最後に第10章では、無力感・効力感に関する日米比較を行なった。これは、「アメリカ流の」動機づけ理論のもつ文化的偏見を明らかにするとともに、私たちが、「日本人の」動機づけの心理学の構築をめざしながら、じつは、そこになかなか到達しえないでいる、という現状を反省するものともなっている。

本書の執筆にあたっては、多くの先輩、同僚兄姉からはげましと知的刺激をいただいた。また、編集者の加納信雄さんには、そもそもの構想の段階からつきあってもらい、多くの貴重な示唆を得た。謝意を表したい。

なお、第一稿の作成のさいには、稲垣が、2章、3章の大半、4章、5章、7章の一部、8章を、残りを波多野が担当したが、以後相互に補筆して統一をはかった。

一九八〇年十一月

波多野誼余夫
稲垣佳世子

目次

無気力の心理学

改版

第1章　どんなときに無力感が生じるか

イヌも無力感におちいる

いくら努力したところで、自分のおかれている「ひどい」事態に、なんら良い方向への変化が生じそうもないと信じ、すっかり意欲を失っているのが無力感にほかならない。どのような事態を「ひどい」と認知するかは、人によってさまざまであろうが、生存がおびやかされたり、苦痛が続いたり、生理的要求さえも満たされない、というのが、ひどい事態の典型といえよう。

それでも、「なんとかこの事態を切り抜けられるのではないか」と思っているうちは、まだよい。いや、事態がひどいものであればそれだけ、改善をめざして精力的に環境に働きかけるだろう。しかし、自分の努力ではなんともならない、と思ったらどうか。たいていの人は、適応的な行動をとることができず、情緒的にもひどく混乱してしまうであろう。

たとえば、ある種の病気では、生存がおびやかされ、しかも努力によって取り除くことができない。修行をつんで悟りをひらいたはずのお坊さんでさえ、ガンだと聞かされたとたんに生きる気力を失って、数日を経ずして亡くなったというような逸話を聞くこともよくある。もちろん、今日の医学によれば、ガンがいつも不治の病だというわけではないが、本人がそう思ったときから、人間はよりよく生きようとする意欲を失いがちなのである。

死に至るものでない苦痛でも、人々を無気力にさせることは、しばしばある。痛みも、原因やどうやったら避けられるかがわかっているのならよい。たとえば、飲みすぎ、食べすぎなどといった症状は、それ自体不快なものであるが、原因もわかっており、かつそれを避けるための方策もあるから、自分の努力によって改善することが可能なものとうつる。だから、一時的には意気消沈していても、すぐ回復して、必ずやその事態に前向きに取り組むことが可能になるはずである。しかし、原因不明の痛みが、それも生活行動と無関係におこってくるとしたらどうであろうか。一方ではその痛みがいつくるかという不安にさいなまれ、また痛みが生じたときには、それに対する有効な処置もないままにただ耐えなければならない。

これはやはり人々を絶望的にさせるものではあるまいか。

こうした推測を実験的に見事に証明したのがセリグマン[*8]である（＊は巻末「人名解説」参照。以下同じ）。彼はまだ若い心理学者だが、この「無力感の獲得」に関する実験的研究のおかげで、一九七六年にアメリカ心理学会から優秀な若手研究者のための賞をもらっている。無力感、効力感といった用語が、心理学のなかでしきりに使われるようになったのはここ十年足らずのことだが、その多くは、セリグマンの功績によるといえよう。

彼は、電気ショックを使ってイヌに条件づけを行なう研究をしていたさい、繰り返し逃れることのできないショックにあったイヌが、のちに別の学習場面におかれたときにも、きわめて無気力で、まぬがれることのできる電気ショックをも避けようとしない、ということを偶然見出した。そこで彼らは、この現象をもっと体系的に研究しようとして学習実験をはじめたのである。

セリグマンたちが行なった典型的な実験は次のようなものである。イヌを被験体として無力感を獲得させるとしよう。まず第一日目には、イヌはハンモックのなかにしばられ、そして数十回に及ぶ逃れることのできない電気ショックを与えられる。このショックは数秒間続き、そしてある程度苦痛ではあるが、体に損傷を残すというほどのものではない。特徴的なのは、このショックが、なんの信号もなしに与えられ、また時間的にも、いつおこるか全くわからないということである。

　次の日にこの被験体は実験箱のなかに入れられる。そこでまた電気ショックをお見舞いされるのだが、今度はショックに先立って信号（あかりが暗くなる）が与えられるし、また、適切な行動をすればこのショックを避けることができるようになっている。つまり、箱が半分に仕切られていて、あいだに柵がしてあるのだが、電気ショックがきたらこの柵を跳び越えて反対側に移ればよいのである。もちろん、イヌがどちらの半分にいるときにも電気ショックはくるから、ある場所が絶対的に安全だというわけではない。しかし、信号がきてから一〇秒たつまでのあいだに反対側に跳び越せば、いっさい電気ショックにはあわなくてすむし、電気ショックがきてからでも、反対側に移りさえすれば、すぐにショックから逃れうるようになっている（イヌが柵を跳び越えることができなくても、六〇秒たてばショックはやむ）。イヌはもはやハンモックにしばりつけられているわけではないから、動こうと思えば自由に動き回ることができる。

　セリグマンは、約百五十頭のイヌを、このような実験事態において行動観察した。ところが、このうちの約三分の二のイヌは、ひどく無気力で、ショックがきたときにちょっとあわてて動き回ってはみせるものの、すぐにあきらめてショックをただ耐えるだけ、という反応ぶりを示したのである。残りの三分の一のイヌは、ハンモックでのショックを全然経験しなかった「うぶな」イヌと同様、全く正常に反応した。彼らは最初の電気ショックに対して当惑し、いろいろな反応を試みる。そのうちに、たまたま柵を跳び越して隣側へいくと電気ショックがこなくなるという経験をもつ。こうした経験のあとでは、彼らは次にこの反応をとることがずっと早くなる。五〇試行もやっていると、彼らはすっかりこの実験事態になれてしまって、はじめから柵の近くに立っている。そして信号がくると、さっさと反対側に移って見事にショックを回避するのであった。

行動の有効性がカギ

三分の二のイヌがそんなに無気力になったのは、ショックを数十回もお見舞いされたためではないか、と考えることもできる。この解釈を排除するために、セリグマンは別の実験を行なっている。その実験では、イヌを三つのグループに分けた。第一のグループは、ハンモックのなかでショックを受けるのではあるが、そのときに鼻で板を押すとショックを止めることができるようになっている。したがって、体を動かしてショックを止めるというイヌもでてくるわけだ。第二のグループは、第一のグループの対応するイヌと同じ回数、同じ長さのショックが与えられるのだが、このイヌは自分の行動によってショックを止めることはできない。第三のグループはいっさいショックを受けない群で、実験条件の効果をしらべる統制群にあたる。

さきほどと同様、二四時間後に実験箱に入れ、柵を跳び越えることによってショックを回避するという学習を行なわせてみると、この第二の群、つまり自分の行動によってショックが回避できないという経験をもった群においてのみ、成績が劣ることがわかった。第一群は、全くショックを受けなかった統制群のイヌと同様に正常に反応したのであった。

鼻でパネルを押すかわりに、ただじっとしていれば、ショックが止まるという条件にかえて実験した人もいるが、結果は全く同じであった。つまり、ショックがどれほど続くかが、自分の行動の仕方に依存して変化するというかぎりは、その経験が悪影響をもたらすことはない。しかし、ショックの回数や長さが、自分の行動と無関係に決まっているのだということを学ぶと、それはイヌたちを無気力にさせるらしいのである。セリグマンはじつに精力的に実験を重ね、イヌだけでなくネズミやネコについても、やはり無力感が獲得されることを示した。

さらにここで注目すべきなのは、この無力感がもともとそれが獲得されたのとは非常にちがう場面にまで一般化されるということである。すでにみた実験でも明らかなように、ハンモックのなかで回避できないショックを受けると、それは実験箱での行動に影響する。ネズミの場合でいえば、木に登ることによってショックを回避しようとしてそれができないという経験をしたあとでは、水のなかから泳いで脱出しなければいけないというさいにも、うまく行動できないのである。いやそればかりではない。いつもあるはずのエサがないことがわかったとき、普通のネズミは腹を立ててそこから跳び出してくるのであるが、ショックを受けたネズミは、この事態に対しても、ただおとなしくそれを受け入れてしまうようにみえたのである。

セリグマンたちは、回避できない苦痛刺激に繰り返しさらされることは、三つのマイナスの効果をもつという。第一に、環境に能動的に反応しようという意欲が低下することであり、第二に、学習する能力が低下することであり、第三に、情緒的に混乱することである。実際、回避できないショックを受けたあとで、実験箱のなかでさまざまな行動を試みるイヌもいるのであるが、その場合にも学習の仕方は遅い。また、回避できないショックが与えられると、食欲が低下したり、血圧が上がったりすることも見出されているのである。

人間の「獲得された無力感」

さて人間の場合はどうなるであろうか。この問いを最初に取り上げたのはヒロトの実験であった。彼は大学生を被験者とし、ショックのかわりに苦痛を感じるほど大きな騒音を聞かせる、という実験を行なった。第一のグループでは、被験者はボタンを押すことによってこの騒音を止めることができる。しかし第二のグループでは、どう反応しても自分の力で騒音を止めることはできない。彼らはいずれにせよ、第一のグループの対応する被験者が経験したのと同じ回数、同じ長さの騒音を聞かされるわけである。第三の統制群はこうした騒音にさらされることがなかった。

そのあとで、半分に仕切られた箱のなかに手を入れさせ、騒音が与えられたさいに反対側の半分に手を動かすとそれを止めることができるという装置を使ってテストが行なわれた。こんな簡単な反応にもかかわらず、人間以外の動物でみられたのと同じように、第二のグループの（自分の力で騒音を止められなかった）被験者は、騒音からうまく逃れることができなかった。たいていの人は、ただ受動的にすわり、この不快な音をだまって聞いていたのである。

今みてきたヒロトの実験は、イヌやネズミの場合よりも、若干複雑であった。というのは、彼の被験者の半分は、このテスト課題、つまり手を反対側に移動すれば騒音を止められる課題が、うまくやれば解決の見つかる「技能のテスト」であると告げられていた。残りの半分は、この課題の解決は、その都度カンにたよって見つけるものだといわれていた。彼は、カンにたよるほかないといわれた被験者のほうが、どの条件下でも無気力になりやすいことを見出したのである。

さらに彼の実験での被験者の半分は、物事の成功・失敗を自分自身に原因があるとみなしがちな傾向をもっており、残りの半分は、成功・失敗を自分には責任がないとみなしがちな人たちであった（この傾向は、あらかじめ質問紙でしらべてあった）。ここでもまたヒロトは、ものごとの成功・失敗は自分の統制できないものだ、つまり偶然や、運・不運によって決まると考えている被験者のほうが無気力になりやすいことを見出したのである。

ちなみに、自分の努力では除去できない騒音にさらされると無力感におちいりやすいことは、現実場面でも見出されていることをつけ加えておこう。ロスアンジェルス国際空港近くの騒音地区の小学校（ここでは、二分半に一機のわりで飛行機がとぶ）の三〜四年生と非騒音地区の三〜四年生とで、パズルを解くさいの粘り強さを比較した研究がある。それによると、騒音地区の子どもは、少しむずかしい課題を与えられると、すぐあきらめ投げ出してしまう傾向が明瞭に認められたという。制限時間ぎりぎりまで問題に取り組みつづけることは少なかったのである。

ヒロトたちのその後の実験では、苦痛な騒音を聞かせるかわりに、解決不能な弁別学習（一対の刺激の一方を選ぶ）の問題を与えるという手続きがとられている。つまり、いくら努力しても解けない問題を与えられたあとでは、自分の力によって回避できる不快な経験をそのまま受動的に受け入れてしまう傾向が強くなるかどうかをみようとしたわけである。彼らの結果は、大体においてセリグマンの仮説を支持するものとなっている。

もちろん、与えられた問題が解けるか解けないかが、避けえない苦痛と同様、果してつねに無力感を獲得させるものかどうかは、疑問といわなければならない。被験者が大学生であり、そして彼らが単位をとりたがっている心理学の実験に参加していたという場合（ヒロトたちの実験事態のように）はともかく、そうでなければ、こういった人為的な失敗場面が、ただちに無力感をもたらすとは、筆者らには信じがたい。

しかし、この点については第3章でさらにくわしく検討することにしよう。

予測できればまだマシ

さて次に問題になるのが、自分の努力によって事態を改善できないまでも、どういうときに苦痛が与えられるかを予測できるか否かの効果である。

この型の研究は、ブレイディの有名な研究によって触発されたものが多い。ブレイディは、八匹のサルに電気ショックを与えた。そしてバーを押すことによってこの電気ショックを回避できることを学習させようとした。そのうち一番速く学習した四匹が、いわゆる「重役」に割り当てられた。残りの四匹は、みずからの行動によってはショックを統制できない条件に割り当てられた。つまり、残りの四匹のほうは、前の四匹の重役ザルが適切に行動してくれないかぎり、ショックにさらされる、ということになっていたのである。一方、重役ザルのほうは、みずからの運命とともに仲間のサルの運命をも担っていかなければならなかったわけである。

この重役ザルは四匹ともまもなく胃潰瘍を発生させ、そして死んでしまったのに対して、みずからショックを統制できなかったサルのほうは、どれも潰瘍にかからなかった。この結果はひろく有名になり、管理職につくことがいかに体にわるいかの宣伝にも使われてきた。これは、統制できないショックの有害性を強調するセリグマンの説とは矛盾するようだが、しかし、どうもこの結果は、実験手続きの不備によるものだったらしいのである。最近では、この結果は、バーを押すことによって電気ショックを回避するのを速く学習した四匹の重役ザルは、ショックに対して敏感なサルだったためではないか、といわれている。このように成績のよかったものを重役ザルに割り当てるといった手続きをとらずに、全く無作為に、ショックをみずからの行動によってコントロールできる条件と、コントロールできない条件に割り当ててみると（ただし、この場合はネズミが用いられたのであるが）、ブレイディの結果とは全く正反対に、回避できないショックにさらされたネズミのほうが潰瘍を発生する率が高いことが見出されたのである。

さらに、同じく回避できないといっても、ショックに先行して信号が与えられる場合と、与えられない場合をくらべてみると、信号があってショックがきそうだということが予測しうる場合のほうが、潰瘍の発生率が低いことがわかっている。

ウェイスたちがその後行なった研究でも、この予測可能性の効果は繰り返し確かめられている。つまり、みずからの行動によって苦痛を避けるのが一番好ましいが、それができないまでも、せめていつショックがくるかわかっているというのが、情緒的混乱を少なくするためには有利なのである。

無力感の治療と予防

ひとたび無力感におちいったイヌやネズミや人間を、そこから救うてだてはないものであろうか。じつは、セリグマンは臨床家でもあるので、この問題にも興味をもっていくつかの実験を行なっている。

ひとたび無力感におちいったイヌは、ショックを回避しようと能動的な行動を示すことが少ない。したがって彼らには、行動によってショックを回避できるのだ、ということをみずから学ぶ可能性がないわけである。そこで彼らにその可能性を知らせるには「強制」が必要になる。つまり、文字どおり彼らの首に綱をつけて引っぱってやることが必要なのである。こちらがイヌを引っぱって部屋の反対側につれていかなくてはならない。もちろん、イヌはジャンプしないから、はじめは柵を一時的に取りはずしておかないと治療は進まないことになる。しかし、二五回から二〇〇回もこうした強制的な移動を行なわせると、そのうちに彼らはみずから反応しはじめるようになる。その段階で実験者は、再び柵を導入し、それを段々高くしていく。つまり、イヌがその柵を軽く跳び越すことができる程度にしておくのである。

こういうふうな事態を経験させると、イヌは（ネズミも同様に）、無力感から完全に立ち直ることができる。実験者の側からすれば、はじめは犬を動かすのにひどく力がいる。なかには反対側に移るのに抵抗するイヌさえいるからだ。しかし、そのうちに要する力はだんだん減っていくのである。これは一種の指示的心理療法ともいえよう。つまり、イヌに一定の援助を与えて、能動的に行動することの意味をわからせようとするものだからである。

セリグマンたちは、治療ばかりでなく予防も試みている。ハンモックに入れられて回避できないショックを受ける前日に、一〇回だけ実験箱に入れられ、そしてみずからの行動によってショックが避けられるということを学習しておいたイヌの場合には、避けられないショックの悪影響はなかった。さらに後の研究では、ハンモックに入れられたさいに、パネルを鼻で押すことによってショックから逃れられるという経験をしたあと、今度は、同じハンモックのなかで逃れられないショックを経験した場合にも、やはり悪影響は残らなかった、ということがわかっている。いったい、どれほどの免疫を与えておけば、自分の力ではなんともならない苦痛刺激に繰り返しさらされたときにも、無力感におちいらなくてすむかというのは興味深い問題であるが、これは今後明らかにされるべき課題であろう。

わかっていてもできないとき

動物の場合には、ある行動がその場面で有効かどうか、好ましい結果をもたらすかどうか、行動してみたあとではじめてわかるのが普通だろう。こう行動したいのに、こう行動すればよいとわかっているのに、実行できない、などという悩みはまずない。しかし、人間の場合には、明らかにちがう。

人間においては、ある行動を行なうことがよいと知っていてもできないことはしばしばある。反対に、すべきではないとわかっているのに、どうしてもやめられないことも少なくない。どんなに多くの人々が禁煙しようと決意しながら、それを守り通せないか、ということを私たちはよく知っている。同様に、明日こそもっと明るくふるまおうとか、もっとまわりの人と積極的につきあおうとか決心しても、そのとおりにいかないことはしばしばある。しかもそのため、自信を失い、ときには自己嫌悪にさえおちいるものだ。「どうすればよいかわかっているのに、できない」なんて、自分が情ない、自分はなんてダメな人間だ、と感じるようになれば、これは一種の無力感にほかならない。

社会的学習や心理治療の分野ですぐれた業績を残しているバンデューラは、この点に注目して次のように述べている。心理治療はきわめてさまざまな技法を用いているが、うまくいっている場合はいずれも無力感を低下させ、自分が有能だという感じを増すことに役立っている。しかし、人間の場合に、とくに心理治療の場合に問題になる無力感というのは、自分の行動が好ましい結果をもたらすかどうかというよりも、むしろ、自分が適当だとわかっている行動をとることができるかどうかに関するものであることが多いのだ、と。

やたらに小言をいったのでは、部下の人たちがついてきてくれないということはよくわかっている。自分でもそんなに小言はいうまいと思う。けれども、いざその場になってみると、まるで自分の力が及ばないかのように、口が勝手に動いて小言が出てきてしまうのだ、といった訴えをもつ管理職の人々は決して少なくない。同じような経験は、場面こそちがえ、多くの人々がもつものであろう。この人たちに、いくら「あなたはうまくできますよ」といってみたところで、それは効き目がうすい。ちょうど無気力になって自分からためそうとしないイヌと同様、「自分にはできっこない」と決めてしまっているからである。

これらの人々が、もっと能動的に環境に働きかけ、そして自分の行動をより適切なものに変えていくことができるためには、その前に、自分でもうまくできたと思う経験をもつことが大事だということになる。こうした経験を具体的な場面でもたせることこそが、治療の第一歩というわけである。

たとえば、バンデューラたちが報告しているなかには、ヘビに対して異常な恐怖を示すおとなを治療したものがある。ネズミ、毛虫、ゴキブリなど、たいていの人には、それぞれ大嫌いな動物があるもので、それ自体は治療を要するものでも無力感を導くものでもない。しかし、なかには、こうした恐怖のために情緒的に混乱し、行動が制限されてしまう場合が出てくる（ヘビが出てくるかもしれないと思って、ある場所に行けない、など）。バンデューラたちが対象としたのは、こういったヘビへのひどい恐怖を示すおとなだった。

彼らは、さまざまなはげましを与えながら本人が直接にヘビと接してみるという経験をもたせた場合、モデルになる人がそれをやってみせた場合、何もやらなかった場合の三つの条件を用いて、のちの言語報告や、実際にヘビと接したときの反応を比較している。当然予想されるように、ここで最も効果があったのは、自分がヘビとうまく接することができたという経験であった。

もちろん、ヘビと一緒にいるだけでもいやな人が、それにさわったり、あるいは逆にヘビのほうが自分の体の上をはったりするのに耐えるには、それなりのはげましが必要である。しかし、これができれば、被験者はその場面に関連した自分の有能さに自信をもつようになり、それがひいてはその場面でより能動的にさまざまな可能性を追求するのを助けるようになるのである。

第2章　乳幼児の無力感・効力感

乳児が泣くことの意味

今ここに、生後二ヵ月の乳児が一人、ベッドにねかされていると想像してほしい。彼は目をさまし、泣き声をあげはじめた。だが、彼の泣き声を聞きつけて、誰かがそばにやってくる気配はない。少し泣きやんだあと、今度はもっと大きな声をはりあげた。まだ誰もやってこない。さらにもっと大声で泣く。依然として周囲に何の変化もおこらない……。こうして数分間泣きつづけたが、結局誰も彼のそばにこない。彼の泣き声はだんだん小さくなり、ついにはまたねむってしまった。

このような光景に対して、読者はどう思われるだろうか。「これは残酷だ。こんなことを繰り返すと子どもの発達に重大な悪影響があるだろう」。こう思われるだろうか。「いや、赤ん坊は泣くのが仕事だ。あのようにして運動しているのだ。少しくらい泣かせたままにしておいてもたいしたことはない」とお考えだろうか。それとも「幼いうちからがまん強さを身につけさせようとしているのはいいことだ」と思われるだろうか。

最近の心理学の知見からすると、第一の見解が、真実を最も近くいいあてている。すでに第1章で、生存にかかわるような不快な刺激を、自分の努力(働きかけ)によっては取り除けないことを繰り返し体験すると、無力感が形成されてしまうことをみてきた。おしめがぬれている、おなかがすいた、着物が体をしめつけている……等々、これらはどれも生後二カ月の乳児にとってかなり根源的な不快であろう。こうした不快を取り除くのに、彼にできる唯一のことは泣き声をあげることである。泣けば誰かがとんできて、彼の不快はたちまちのうちに除去されるのが普通である。しかし、そうした働きかけを何度試みても、そしてどんなやり方をしても、すべて徒労に終ったとしたらどうであろうか。前章でみた、回避することのできない電気ショックを与えられたイヌと同じ状態に追いこまれるのではなかろうか。「自分が働きかけても環境に何の影響も及ぼすことができない」「どうせ何をしても自分はダメな存在だ」といった無力感が獲得されてしまうおそれがある。もちろん、こうした経験が一、二回あったからといってすぐ子どもが無力感におちいるわけではなく、あくまでも何回も繰り返し生じた場合に限られる。したがって、時には泣きつづけることがあったとしても、全体として応答的な経験が十分多ければ、問題ない。

これまで、乳児が泣いたときにそれに応答することには、たいした意義は考えられてこなかった。しかし、乳幼児心理学者のルウィス[*6]は、それがもつ、心理的な側面への影響を強調する。彼は、セリグマンが動物実験で見出した「獲得された無力感」の考え方を人間の乳児に適用し、これによって、乳児の泣くことへの応答に、重要な発達的意義を認めるのである。

施設児における無力感

乳児が泣いたとき、それに応答せずにいると次第に無力感が獲得される——この観点からみると確かにうなずける現象が多い。

そのひとつは、施設で育てられる乳児が、家庭で育てられる乳児にくらべて、自分からすすんで環境に働きかけようとする意欲に乏しいことである。ある報告によれば、施設の乳児と家庭で育った乳児をくらべたとき、成熟的な発達の速さではほとんど差異がみられなかった。両者のあいだでひどくちがっていたのは、施設児が、自分のもっている技能や能力を使おうとする意欲が低いことだったという。たとえば、施設児は、家庭児とほぼ同じ時期に、ベッドの上で立ち上がった。しかし、彼らは、立ちたい、そして歩きたい、という願望を少しも示さなかったのである。

家庭で育てられている赤ん坊では、多くの場合、泣けばすぐ母親がそばに寄ってきて、不快を取り除いてくれる。それにくらべて、施設ではどうだろうか。人手の点から、どうしても乳児への応答のタイミングがずれてしまうことが多いのではないだろうか。これが、こうした差異をもたらしたことは十分考えられる。施設児におけるこのような意欲の低さは、のちには、次第に発達的な遅れをもひきおこすことになるのであろう。

ホスピタリズムとよばれる現象がある。とくに人手不足の著しい施設の子どもにみられる顕著な発達の遅れと無気力・無感動の状態をいう。これは、まさに、自分が活動することと環境内の不都合が除去されることとのあいだに何の対応関係も見出せない、という体験からくる無力感の好例ではないだろうか。これらの子どもたちは、およそ子どもらしい生き生きとした好奇心や関心を示すことがない。ただ慣れた部屋の片すみで、単調な行動を繰り返している。表情も乏しく、笑いかけても応答しないことが多い。

このような施設児では、死亡率が異常に高いことも大きな特徴である。そもそも、ホスピタリズムという現象が見出されるひとつのきっかけになったのは、施設に収容されている子どもの死亡率が異常に高いことからであった。彼らは風邪から肺炎をおこして死ぬことが多かったので、はじめは、風邪に対する予防措置がいろいろとられた。だが、事態はいっこうに改善されなかった。そこでホスピタリズムの原因究明の研究がさかんになった、といういきさつがあるそうだ。

しかし、ホスピタリズムという現象の中核に、無力感の獲得を想定すれば、この死亡率の高さも容易に説明がつく。前章でしばしば名前の出てきた、「無力感」研究の創始者であるセリグマンによると、ネズミのような動物でも、人間でも、無力感におちいると、ちょっとした病気であっけなく死亡してしまうことがしばしばみられるという。彼は、このような突然死を無力感の徴候のひとつに数えあげているほどである。

施設に収容されるのが幼少時であればあるほど、ホスピタリズムは著しくなる。しかもあとからそれを治すのがむずかしい。こうした報告は、人生の早期におとながタイミングよく応答してくれないことが、いかに無力感を形成することにつながりやすいかをよく示しているといえよう。私たちは、乳児が、多くの場合、泣くという手段を通じて苦痛や欠乏の除去を訴えていることを忘れてはならない。

「静かになる」のは問題

ここでもう一度、冒頭の事例にもどろう。これまでのところから読者はすでに、乳児を泣かせたままにしておくと、しだいに泣きやみ、「静かになる」というのが、じつは重大な問題のしるしであることに気づかれただろう。これは、「がまん強さ」や「たくましさ」を学んだことのあらわれではない、無力感からくる「あきらめ」の徴候ではないか、と。「泣いたままにしておいたら、このごろ泣かなくなってきた」——これがじつは、問題であることが多いのである。このような場合、同時に、新しい試みへの意欲一般も低下していることが多いはずだ。

ロバートソンは、病気のため完全看護の病院に入院させられた幼児が「落ちつく」過程を観察し、同じような警告を発している。子どもの涙を苦痛ととらえるのはともかく、涙のない状態を満足と同じものとみなすと、彼の重大な苦痛を見すごすことになりやすい、と。

ロバートソンによれば、入院のため幼児が母親からはなされたとき、「落ちつく」に至る過程には次の三つの段階があるという。まずはじめに、抗議の段階である。これまでの体験にもとづき、泣けば母親がきてくれることを期待する。とくに病院という見慣れない環境のなかで、不安におびえた子どもは、大声で泣き叫ぶ。母親が再び自分のもとにきてくれることを強く望んで。だが、そうした努力が徒労に終ると、徐々に「絶望」がやってくる。この段階では、子どもは不活発になり、ひっこみ思案になり、無感動になる。泣き方も単調なものになる。この時期は静かな段階であって、外目には子どもが落ちついてきたようにみえる。そして最終の段階が「否認」である。ここでは、逆に子どもは環境に多くの関心を示し、誰にでも機嫌よく、ちょっとみたところは楽しげでさえあるという。面会にきた母親が立ち去ってももはや泣かなくなるのもこの時期である。だが、ロバートソンの観察によれば、この一見「落ちついた」子どもたちは、退院後、家庭にもどると、大きな行動障害や情緒的混乱を示すことがとても多いという。たとえば赤ちゃんがえりをし、今までできていた排泄訓練ができなくなる、ちょっとしたことでも泣き叫ぶ……。

これは何を意味するだろうか。おそらく、病院という場面から家庭という場面へと変化したとき、子どもは再び自分の活動の手ごたえを確かめてみようとするのではなかろうか。トイレを教えることができない。スプーンで赤ちゃんのように食べさせてくれと要求する――これらの母親を困らせる活動は、自分の活動の手ごたえを知るのにてっとり早い方法だからである。「病院のなかでは、環境中の不都合を取り除くことができなかった（泣き声に応じて母親がきてくれなかった）。自分は無力だった。家庭ではそうでないらしい。だけどもう少し、安心してよいかどうか、困ったとき自分が環境を変える力があるかどうか確かめてみよう」。彼らが自分の行動の理由を説明できたら、おそらくこう答えるのではないだろうか。

無力感防止の発達的意義

それでは、人生の初期の、泣くことに対してすぐ応答の返ってくる経験、あるいはもっと一般的に、自分の働きかけの結果、不快の除去に成功するという経験は、のちの発達にどのような効果をもたらすのだろうか。

ベルとエインズワースという二人の研究者の報告にこんなのがある。それは、発達初期に乳児が泣いたとき、すぐに母親が応答したほうが、のちの時期には、かえって泣くことが少なくなる、そしてそのかわりに自分の感情や願望を伝えるのに、泣くのとは別のいろいろな手段を発達させることが多い、というものである。

この研究では、二六組の母子が対象だった。生後三週間から一年間にわたって、三週間に一度の割合で、家庭訪問が行なわれた。そしてそこでの母子のやりとりや子どもの様子がじっくりと観察されたのである。

その結果、発達初期に、子どもが泣いたのに母親がすぐ応答することが多いほど、のちの時期（一年目の後半の時期）に子どもが泣いている時間は短くなることが見出された。また、母親が泣くことに対して応答的なほうが、一年目の終り（生後一〇～一二ヵ月）には、泣くのとは別の伝達の技能を発達させていることが多かった。つまり、泣くかかわりに、いろいろ変化に富んだ表情や身ぶりや発声などの新しい伝達手段を用いることが多かったのである。泣くと母親がやってきて不快を取り除いてくれる。これは、子どもに「自分が困っているという意志表示をしたときには、（誰かが）必ず助けてくれる」といった安心感や、さらには「自分は環境（この場合は母親）に影響を及ぼすことができる」という、無力感とは反対の自信をもたせる。これがむやみに泣くことを減らすのであろう。しょっちゅう自分の力（環境に影響を及ぼせるかという）をためしてみなくてもよくなるのである。こうした自信に裏づけられて、新しい技能を使ってみようとする意欲もでてくる。これが、「泣く」とはちがった新しい伝達の手段を発達させることになったのだといえよう。

実際、乳児が不快を示したとき、母親がすぐそれに反応するほうが、そうでない場合よりも、子どもが意欲的であることを示す証拠がある。しかも応答的な母親の子どものほうがのちの知力の発達も促進されることが示唆されている。

ヤロウたちは、生後五〜六カ月の乳児とその母親、四一組を調査の対象にして、それぞれの家庭で、母親が乳児にどんな働きかけをするか、どんな応答の仕方をしているかをくわしく観察した。そしてこの時期の乳児の発達やその後の発達との関係をしらべたのである。

ここで見出された結果のなかで興味深いのは、子どもが不快を示したとき、母親がすぐそれに応えてやることが多いほうが、運動的側面や意欲などの側面の発達がすぐれていたことだ。とくに、自分の望んだ事物を得ようと粘り強く努力する行動傾向が、より発達していた。また、生後三六カ月になったときに測定した結果では、知的発達の一般的水準も、前者の子どものほうが高かったのである。生後半年以内の子どもの不快への意志表示にタイミングよく応答することは、のちの発達一般を促す効果があるといえよう。

発達初期に、「自分は環境に影響をもたらすことができる」という経験をもつことは、もうひとつ注目すべき効果をもたらす。それはおとなになって失敗場面に出会っても無力感におちいりにくくなる、ということである。長い人生のあいだには、自分の働きかけが思ったような結果を生み出さなかったという失敗を経験することも多いだろう。そのさい、失敗経験に打ち負かされることが少なくなるのだ。このことは、ネズミを被験体とした実験ではあるが、セリグマンらにより確かめられている。

この実験は、第1章ですでにみたものとよく似ているが、失敗に先立つ経験を、離乳したばかりの時期に与えるのがミソである。

離乳したばかりの幼いネズミが、次の三つのいずれかの条件で、「幼少時体験」をした。第一の群は、台の上に跳び乗ることによって電気ショックを止めることができる。第二の群は、どんなことをしても、ショックを止めることができない。そして第三の群は、なんら電気ショックは与えられない統制群である。一日に六〇試行、四日にわたって、こうした「幼少時体験」をした。

これらのネズミが成体になったとき、どの群のネズミも、八〇試行にわたって、止めることのできない電気ショックが与えられた。その翌日のこと、今度は、バーを押せば、電気ショックを受けずにすむ装置のもとに三群のネズミを置いたのである。ここで三群のあいだにどんな差異がみられるかを「テスト」した。また参考のために、幼少時にも成体になってからもなんら電気ショックを受けなかった群にもこの「テスト」を受けさせた。

さて結果であるが、第一の群では、バーを押す反応が他の二つの群にくらべ、明らかに多くみられたのである。この群のネズミは、すべてが電気ショックを止めるのに必要な反応を学習することができたのだ。彼らは、幼少時にも成体になってからも電気ショックを受けなかったグループと同じくらいすぐれた成績を示した。ところが、第二の群、すなわち幼少時にも成体になってからも、自分の努力ではショックを止めることができなかった群や、第三の群、つまり成体になってからはじめてそうした体験をした群では、テストのさい電気ショックを止める反応を見つけ出そうとする意欲に乏しかったのである。いいかえれば、幼少時に、自分が活動することによって電気ショックを止めることができたという経験をもっていると、成体になって自分の努力がうまく実を結ばない場面に会っても、それに打ち負かされにくいのだ、といえよう。

応答性による楽しい経験

今みてきたように、幼少時に自分の活動により苦痛や不快を取り除いたという経験が、のちの発達に好ましい影響を及ぼすことは確かだといえよう。では、ここから、乳児が泣いたとき、それにすぐに応答してやりさえすれば、それが無力感におちいるのを防ぐばかりでなく、「興味深い」事象を見つけたりつくりだしたりできる、という乳児なりの効力感（つまり環境に能動的・持続的に働きかける傾向）の形成にもつながるのだと考えてよいであろうか。ルウィスは、明らかにこの問いに肯定的に答えている。泣いたときにすぐに応答してもらうという経験をとおして、「自分は環境に好ましい変化を及ぼすことができる」という一般化された期待が形成される。これが、とりもなおさず、効力感を導くのだと主張している。

だが、効力感を形成するのに、不快の意志表示である泣き声に応答することだけで十分であるとは思われない（もちろん、これが必要条件とはいえようが）。乳児がほほえみかけてきたら、ほほえみ返す。発声してきたら、同じような発声でこたえてやる。顔を見つめてきたら、しっかりとその視線を受けとめてやる……。このような快の意志表示への応答が効力感の形成には必要ではないだろうか。

さらにもうひとつ重要なことがある。それは、物理的な環境を自分の力でコントロールできたという経験である。これは、いわば物理的応答性にもとづくものだが、子どもに大きな喜びをもたらす。

心理学者のブロンソンは、生後一二ヵ月の女児に、こんな行動が見られたことを報告している。

この女児は、低いテーブルのそばに立って遊んでいたのだが、偶然、奇妙な音に出くわした。テーブルの上を何気なくたたいたとき、それに続いて、ガタガタという音が聞こえたのだ。よく締まっていなかったコーヒーポットのふたが振動で音をたてたのだ。しかし、もちろんこの子どもは、それには気づかない。この音の原因を探ろうと、いろいろ試みる。そのうち、コーヒーポットのふたが原因らしいことに気づく。そこで、まずテーブルの向こう側へゆき、ポットのふたを持ちあげ、ガタガタと音をさせてみる。次いでもとの場所にもどり、テーブルをバタンバタンたたいた。予想どおり、ポットのふたはガタガタと音をたてた。このときのこの子の喜びは大変なものだった。のどをごくごくならし、満面に笑みをうかべて、そばにいる母親をふりかえったのだった。

ここには、大げさにいえば、自分が世界を理解できた、望んだ事象を再現できた、といううれしさがよくあらわれている。効力感の形成には、こうした体験もまた不可欠ではないだろうか。

物理的環境に対して自分が影響を及ぼしうることは、発達のもっと初期においても快い体験であるらしい。ワトソンは、生後二ヵ月の乳児が、こうした体験を積極的に求めることを見出している。

家庭に特別製のベッドを貸し、二週間のあいだ、毎日二〇分間だけ、このベッドに乳児をねかせてほしい、とたのんだ。このベッドは、あおむけにねた乳児の目の上に、モビールがつるされているものだった。そして、特殊な枕を使って、頭の動きが記録できるようになっていた。

このベッドには三種類のものがあった。第一の種類は、枕の上の頭を動かすとそれに対応して、このモビールが回転するようになっていた。第二のベッドは、乳児の頭の動きとは無関係に、三~四秒に一度、自動的にモビールが回転するものだった。そして第三の種類のベッドでは、このモビールは固定されて動かなかった。これらのベッドにねかされたとき、子どもにどんな反応がみられるかをしらべたのである。

それによると、第一のベッドにいた子どもは、日がたつにつれて、頭を動かすことが活発になっていった。ところが、第二、第三のベッドの子どもでは、そうした変化はみられなかった。さらには、第一のベッドの乳児は、このベッドにいるのがとても楽しそうだった。そばで見ていた母親の報告によると、乳児が、このベッドにねかされるようになって三、四日後には、うれしそうに笑ったり、声を出したりすることが目立つようになったという。自分が頭を動かすと、モビールを動かすことができるというのが楽しい体験であることをよく示しているといえよう。

最近の心理学の知見によれば、人間は本来、環境に自分の活動の影響を及ぼしたい、環境を理解しコントロールしたいという欲求をもち、たえず環境と相互交渉している存在であるといわれている。環境とのやりとりの過程で、そうした欲求が充足されることは、人間にとって非常に快適な経験になるのだといえよう。このことを最初に主張したのは、ロバート・ホワイト[*10]であるが、現在、多くの発達心理学者によって、この考えは支持されている。

一般化された期待から効力感へ

自分の活動の結果、環境が「興味深く」変化した。自分が活動することによって、自分の思っているような変化を環境に生ぜしめることができた――こうした体験は、さらにまた環境に働きかけることを動機づける。そしてこうした体験が積み重ねられ、一般化されることにより、「自分は、環境におもしろい、楽しい変化をつくりだすことができる」という自信と意欲的な態度、すなわち効力感が獲得されていくのであろう。

事実、物理的な環境における応答的経験が「自分は環境をコントロールできる」「自分が活動すれば何かおもしろいことがおこるだろう」という一般化された期待を生ぜしめることが、いくつかの実験で確かめられている。具体的にいうと、ある環境のもとでの経験を一般化し、別の場面でも、環境に興味ある変化をひきおこそうとする反応が生じやすくなるのである。

生後平均九ヵ月の乳児を使ったレイミィたちの実験がその例だ。

まず、この乳児たちに、パネルを押す反応が自発的にどのくらい生ずるかをしらべておく。そのあと、二群に分け、一方の群の子どもたちには、その左の手首に、特別製の腕輪をつけた。この腕輪は、映写機のスイッチにつながっていた。そこで、腕を動かす（引っぱる）と、それに反応して、女性の顔がスライドで二秒間写し出され、音楽が流れてくる仕組になっていた。このような「応答的な」装置のもとで、一日八分間、四日間にわたって、子どもを遊ばせた。他方、もう一方の群の子どもは、「応答的でない」装置のもとで同じ期間遊ばせた。つまり、こちらは、腕を動かすのとは無関係に、一定の間隔で、スライドと音楽が出てくる経験をしたのである。その後、両群の子どもを、新しい装置のもとにおいた。これは、パネルを押すと、色のついた光が写し出されるものだった。「応答的な」装置で遊ぶ経験をした子どもは、まもなく、その光の写し出される仕組を「学習」した。「応答的な」装置で遊ぶ前とくらべて、明らかにパネル押し反応は増加した。ところが、「応答的でない」装置で遊んだ子どもたちには、そうしたパネル押し反応の増加はみられなかったのである。

同様の結果が、先に述べたモビールを使ったワトソンの後続実験でも認められている。家庭で、自分の活動に応答してモビールが動くという経験をした子どもは、モビールが自分の活動と無関係に動いていた子どもにくらべ、別の日に大学の実験室で新しいモビールに接したときも、それを動かそうと活動することが多かったのである。

以上の二つの結果は、物理的環境からの応答的経験を通じて効力感が形成されることを示しているといえよう。おそらく、乳幼児にとって楽しい社会的応答性も、同様な効果をもつにちがいない。こうして形成された効力感が、自分のもつ諸能力を新しい場面で積極的に使うことを促し、知力の発達を促進することも、十分に考えられる。

第3章　失敗にもとづく無力感

成功・失敗の諸原因

ここでもう一度、第1章の主題にもどって、年長児や成人に無力感を味わわせる経験について考えてみよう。乳幼児とちがって、年長児や成人は、健康な状態では、自分の力で取り除けない生理的欠乏や苦痛に出会うことは少ない。かといって、彼らが無力感におちいらないわけではない——彼らにとっては、「失敗」(つまり、自分がめざした、あるいは他人に与えられた目標が達成できないこと) の連続が、とくにその課題が重大な場合に、逃れられない欠乏や苦痛に「準ずる」効果をもつらしいのである。この想定は、第1章のヒロトの実験でも支持されていた。

もちろん、失敗が連続しても、なんとか打開策があると思っていれば、無力感にはおちいらない。つまり、失敗そのものより、その失敗を何のせいにするかが、決定的なのである。

もう少し一般的にいうと、年長児や成人は、なにかにつけて「なぜ」を問い、物事の原因をはっきりさせようとする。それを次の行動に役立てようというわけだ。

とくに、自分の願望がスムースに実現しなかったり、自分が予想しなかった事象に出会ったりしたときには、この「なぜ?」「どうして?」の問いを発しやすい。「なぜ算数のテストでいい点がとれなかったのだろう」「どうしてデイトのとき彼は機嫌がわるかったのだろう」……等々。ここで、テストでいい点がとれなかったのは、「自分の能力がたりなかったからだ」、「自分は頭がわるいせいだ」と思えば、これ以上勉強したってはじまらない、となげやりな気持になるだろう。しかし、「自分の努力不足だった」と思えば、次回にはもっと努力しようと机に向かうことになるかもしれない。デイトで彼の機嫌がわるかったのは、「自分に魅力がないせいだ」と思えば、お先まっ暗だが、「たまたま彼の虫の居所がわるかったせいだろう」と思えば、今後には十分に希望がもてる。

このように、ある活動をして同じ結果に出会っても、その原因をどこに求めるかによって、以後の行動の仕方や意欲が変ってくる。このことをはじめて理論化したのは、ウェイナー[*9]というアメリカの社会心理学者である。

彼によれば、成功や失敗に対するさまざまな原因は、次の三つの次元で分けられるという。まず第一は、焦点の次元とよばれ、原因が自分の内部にあるか、それとも外部にあるかの軸である。能力、努力、気分、健康状態などはすべて内部にある原因ということになる。これに対して、教師の教え方や課題のむずかしさ、運などは、外部にある原因になる。

第二は、安定性の次元である。同じように内部にある——自分に責任がある——といっても、能力は比較的安定した、一朝一夕には変えることのむずかしい特性である。これに対して、努力や気分は、もっとその時々によって変動しやすいものだ。

第三の次元は、コントロールの可能性とよばれている。同じように内的で不安定な努力と気分を取り上げてみても、努力のほうは、自分の意志でコントロールできるのに対し、気分のほうはそういきにくい傾向がある。

本章の主題からいってとくに興味深いのは、「能力」と「努力」の要因であろう。どちらも焦点として自分の責任を強調するものだが、「能力」は安定した、すぐには変りにくい特性であり、しかも自分の意志でコントロールできにくい種類のものである。これに対して、「努力」は変動しやすい特性であり、自分の意志でコントロール可能なものである。この意味で、これらは対照的である。また、教室の場面で子どもが取り組む知的課題での成功・失敗は、他の要因よりも能力または努力のせいにされることが多い。そこで、とくに、この二つのどちらに原因帰属するかで、学習者の意欲や行動がどう異なるかを吟味することは興味深い。事実、こうした研究は、近年ふえつつある。

稲木哲郎（いなぎてつろう）は、中学に入ってはじめて中間テストを受けた中学一年生を対象に、こんな調査をした。

中間テストを終えた二週間後に、生徒たちに、社会科の中間テストの成績は、自分として成功だったと思うか、失敗だったと思うかをたずねた。そしてさらに、その原因は何によるのか、能力、努力、試験のむずかしさ、運、の四つのなかから一つ選ばせた。そしてそのあと、次回の期末テストでは何点くらいとれそうかを予想させたのである。

彼は、中間テストの結果を「失敗」と評価した者一〇二名について結果を分析している。ここで、失敗の原因を能力不足においた者では、努力不足においた者にくらべ、次回の成績をより低く見積る傾向が明瞭に認められた。能力不足で失敗したと思えば、気勢があがらないのも当然だろう。ウェイナーのいう安定 - 不安定、コントロールの可能性の次元が、達成行動に影響を及ぼすことが、教育現場で実際に確かめられたのである。

「能力不足」と思えば意欲は低下

ドゥェック[*2]が小学生に対して行なった実験は、もう少し実験室的である。彼女は、ウェイナーの原因帰属の考えを学業場面に適用するにとどまらず、第1章で述べたセリグマンの見出した「獲得された無力感」の現象と結びつけることを試みた。そして、学業不振児の解明に、新しい光を投げかけたのである。しばらく、彼女の実験をみてみることにしよう。

彼女たちの実験の対象は、小学五年生の子どもたちで、四個の積木を使って、指定された模様を構成するという課題が用いられた。

子どもは、一人ずつ学校内の一室で実験を受けた。二人の女性の実験者から交互に、ただし、あらかじめ決められたでたらめな順序で、この模様をつくる課題が、三二題ずつ与えられた。一方の実験者（「成功型」実験者とよぼう）の出す課題は、努力すれば必ず解けるものだが、もう一方の実験者（「失敗型」）のそれは、テスト課題の二題を除いて解決不能のものだった。

「失敗型」実験者は、最後に（といっても、子どもには何の予告もなしに）、解決可能な課題を二題、テストとして与えた。そして、「成功型」実験者がこれと同じ困難度の課題をそれに先立って子どもに与えた場合とで、子どもの反応にちがいがみられるかしらべてみた。その結果、「失敗型」実験者から出されたほうが、「成功型」から与えられた場合より、このテスト課題が解けない者が多かったのである。

ここでは課題を正しく解くたびに、チップが与えられ、これはあとで子どもが欲しがりそうなごほうびと取り替えられることになっていた。したがって、一題でも多く問題を解こうという意欲は強かったはずである。しかもテスト課題は、どちらも努力すれば解けるものだった。にもかかわらず、こうした差異がみられたのだ。一方の実験者から出される課題はいつも解けず、失敗経験を繰り返していると、その実験者から出される課題に対しては、はじめから自分の力ではできないものとあきらめてしまうようになるのであろう。

その効果が、もう一人の実験者の出す課題にまで及んでいないという意味で限定されているとはいえ、これらの小学生は、知的課題での失敗の連続による問題解決能力の低下、つまり一種の「獲得された無力感」を示したのである。

もっとも、ここでみられた現象が、第1章でみた現象、すなわち、ハンモックにしばりつけられたうえに電気ショックを繰り返し与えられ、その苦痛から回避できないイヌや、近くに空港があり、ひっきりなしにジェット機の騒音に悩まされ、かといって、どこか別の地域に移れるあてもないという生徒たちが無力感におちいったのと同じものであるかどうかは、疑わしいかもしれない。子どもたちが、この積木構成課題を解くことも自分にとって非常に重要なものとみて、それが解けないことが致命的だ、と思っていれば、話は別であろうが。しかし、今は、この問題にはこれ以上立ち入らず、先にすすむことにしよう。

今みてきたように、「失敗型」実験者から提示された二題の解決可能なテスト課題に対しては、全体としてみると、解決できずに終った者が多かった。だが、この反応には、個人差が大きかった。二題とも解いた者もいるし、また二題とも解けなかった者、一題だけをやっとのことで解いた者などさまざまだった。ドウェックらは、このテスト課題を解くのに要した時間を測定した（解けなかったときは制限時間の二〇秒かかったものとみなした）。そして、「成功型」実験者から問題を与えられたときと「失敗型」実験者から与えられたときの課題解決時間の差をしらべ、それが大きい者（無力感型とよぶ）と小さい者（がんばり型とよぶ）とに全被験者を二分した。

そして、この実験を行なう一ヵ月前に実施した「知的達成の責任性尺度」とよばれる質問紙での反応が、両者の間でちがっているかどうかをしらべたのである。この尺度は、クランドールらにより作成されたもので、教室場面で生徒が経験する成功や失敗の原因を、自分に求める傾向がどのくらい強いかをみようとしたものだった。三四項目のそれぞれに二つの選択肢があり、そのどちらか一方を必ず選ぶように要求していた。選択肢の一方は、自分に責任があるとし、もう一方は、自分の外側の要因に責任があるとしていた。例をあげよう。成功場面の例にはこんなのがあった。

「先生が通信簿によい成績をつけてくれた理由として多いのはどちらでしょうか。」

(1)先生から好かれていたから。
(2)あなたの出来がよかったから。
失敗場面の例としては、
「テストの点数がわるかったとき、その理由として多いのはどちらでしょうか。」
(1)そのテストがむずかしかったから。
(2)テストのためによく勉強しなかったから。

ドウェックは、成功・失敗の原因を自分にあるとする反応をさらに、自分の「努力」によるとするか、「能力」によるとするかに分けて結果を整理した（今述べた項目でいえば、成功場面の(2)は「能力」を、失敗場面の(2)は「努力」を示していることになる）。

結果はどうだったか。がんばり型の者は、無力感型の者にくらべ、失敗を自分の努力不足のせいだとし、また成功は自分の努力のたまものとみる一般的な傾向が明らかに高かったのである。日頃、失敗は自分の努力がたりないせいだと考える傾向が強かったからこそ、がんばり型の子どもになった――つまり、「失敗型」実験者から繰り返し解決不能な問題を出されても、なおかつあきらめずに問題に取り組みつづけた、と解釈できるであろう。

粘り強いのは努力帰因者

ドゥエックらの別の実験では、さらにあざやかに、失敗を自分の努力不足のせいにする傾向の高低により失敗事態の切り抜け方に大きな差異があることが示されている。

第一実験では小学五年生七〇名が、第二実験では六〇名の子どもが、概念学習の課題を与えられた。どのカードのうえにも一対の図形が描かれており、被験者はその一方を選ぶ。実験者は、あたり、はずれを教える。そこから被験者が、図形の色、形などのどれがあたりの手がかりかを見つけるものである。

一課題一六枚のカードからなっており、これを、まず八課題行ない、十分にこの課題のやり方を習得させた。このさい、子どもの反応に対して正誤（あたり・はずれ）を教える間隔を次第に広げていき、第七、八課題では、それを四つ目ごとに一回与えるようにした。これは、子どもがもっている「これがあたりの目印だろう」という仮説を安定したものにするために行なわれた。

このあと、すぐ続けて同じ手続きで、さらに四つのテスト課題（各々二〇枚のカードからなる）を実施した。ただしテスト課題では、実験者は、被験者がどちらの図形を選ぶかにかかわらず、いつもそれを誤りであると告げた。つまり、このテスト課題ではじつは正解がなく、したがって、子どもたちがどんなに努力しても「あたり」の目印を見つけることができないように仕組まれていた。このように解決不能な課題が、次々と与えられて「失敗経験」が長びいたとき、子どもたちの反応にどんな変化がみられるかをしらべようとしたのである。

子どもたちには、先に述べた「知的達成の責任性尺度」の質問紙が前もって実施されていた。そこでその結果にもとづき、失敗の原因を努力不足とみる傾向の高い者の群と、低い者の群とに分けた。この両者のとる方略、つまり仮説の修正の仕方が、失敗経験の続く事態で、どう変っていくかを、外側から観察したり（第一実験）、子ども自身に声に出して考えるように要求したり（第二実験）しながらしらべようとした。

努力帰因傾向の高い者では、八割以上が、第四課題でも依然として、より初期に示した適切な方略を使いつづけていた。さらに驚くべきことには、三割前後の者は第一課題から第四課題へと「失敗」経験が続く過程で、以前よりももっと程度の高い方略、つまり年長の子どもたちによくみられる、いろいろな仮説を体系的にためすような方略を用いはじめたのである。

これに対して、努力帰因傾向の低い者では、失敗経験が続くにつれて、しだいに方略の質がわるくなっていった。第二課題ではすでに、三割前後の者が、適切な方略を放棄してしまっていた。そして、第四課題までには、じつに七割近くの者が不適切な方略を使うようになってしまったのである。たとえば、カードのうえの図形を「茶色」を手がかりにして選び、「はずれ」と繰り返し実験者からいわれたにもかかわらず、また茶色のカードを選ぶ。あるいは、右、左、右、……と、「あたり」の手がかりとは無関係と告げられていた、図形の位置に従って選ぶ——このような行動をとる者が多かった。

さらに、課題に取り組んでいるときの発言にも顕著な差異がみられた。努力帰因傾向の高い者では、自分で自分をはげましつづける発言が多かった。「もっとゆっくりやろう。そうすればわかるだろう」とか、「むずかしくなってきた、よけい一生懸命がんばらなくては……」といいながら課題に取り組んでいる者が多かったのだ。八四パーセントの者にそうした発言がみられた。

これに対して、努力帰因傾向の低い者では、そうした自分をはげますような発言をする者は全くみられなかった。そのかわりに多くみられたのは、適切でない方略を示す発言や、失敗が自分の能力不足のせいであることを示す発言であった。「混乱してしまった」とか「私はものおぼえがわるいほうだから」とつぶやくのである。こうした発言が、第二課題で早くもあらわれはじめている。さらに、課題とは無関係の発言もとても多かった。とくに、この発言をする者は、同時に不適切な方略をとっていることが多かった。「週末にタレント・ショウがあってね……」などと実験者に話しかけながら、半ば自動的に、カード上の図形を指さしつづけるのである。もはや、課題を解決しようという意欲を喪失していることを物語る。

また、この解決不能なテスト課題に対する態度も非常に異なっていた。この解けない課題に対しても、「チャレンジがすきだ」というように、肯定的な感情を示すのは、努力帰因傾向の高い者に多かった。「もうこれはおもしろくない」といった否定的な感情をあらわすのは、逆に努力帰因傾向の低い者に多かったのである。

テスト課題終了後、彼らの失敗が何によると思うか、子どもたちにたずねてみた。すると、先ほどの課題解決時の発言内容のちがいを裏づけるかのように、努力帰因傾向の低い者では、半数以上の者が、その原因を自分の能力不足のせいにした。「私はあまり頭がよくないから」というわけだ。他方、努力帰因傾向の高い者では、そうした能力不足を理由としてあげた者は、一人もいなかった。彼らがあげた特徴的な理由の主なものは、努力がたりなかった、運がわるかった、実験者が不公平だった、などであった。これらは、いずれも、今後の状況次第では、自分の力で克服できることを示している。

再帰因法の効果

それでは、「自分は頭がわるいからダメだ」と思いこみ、すぐ投げやりな態度に出てしまう子どもに、努力することの意義を教えてみたらどうだろうか。もちろん、ただ口で「努力すればできる」とお説教するだけで、子どもが変るとは思えない。そこで、ドウェックは次のような「治療教育」をやってみた。

八歳〜一三歳の極端に強い無力感をもっている子ども一二名が被験者に選ばれた。彼らは、失敗に出会うと、それ以後、ガタッとやる気をなくす子どもとして学校内でも有名であった。そして、その三分の二は、学業不振児として、特別学級に籍をおいていた。無力感を示す子どもたちに典型的にみられるように、彼らもまた、失敗を自分の能力不足のせいにする傾向が非常に強かった。

「治療教育」には算数の問題を使って、二通りの方法を試みた。ひとつは、「成功経験が増せば、自信がつき、失敗に出会ってもそれにくじけることがなくなる」という考えにもとづく方法で、すべて成功経験のみで学習がすすめられるようにした。成功・失敗の基準は、時間内に何題解けるはず、という形で各試行ごとに実験者から与えられるが、実際にはこの方法のもとでの子どもたちには、いつも十分成功しうるような低い、やさしい到達目標が与えられた。

これに対して、もうひとつの方法は、原因帰属の仕方を変えさせようとしたもので、再帰因法とよばれる。ここでも大半は子どもの能力の範囲内で成功しうる低い基準を与えるのであるが、そこに、ときどき高い到達目標を意図的にまぜた。つまり、制限時間内には、提示された到達目標を達成できないという「失敗」経験を、約五回に一回の割で与えたのである。そして、失敗したときには、努力がたりなかったせいであり、もっと一生懸命やれば、できたはずであることを告げた。いいかえれば、失敗の原因が自分の努力不足によると解釈するようにさせるのである。このような「治療教育」を二五日間続けた。そしてこの「治療教育」の前、中間、後に、「教育」効果をはかるテストをした。治療教育で用いたのとは異なる課題を与え、問題がむずかしすぎて解けない——そのため、あとでごほうびと交換できるチップがもらえない、という「失敗経験」をさせてみたのである。

すると、再帰因法による「教育」を受けた生徒は、失敗に出会っても、それ以後、ガタンと成績が下がるという子どもは一人もいなかった。そればかりか、多くの子どもが、失敗のあと成績が上昇した。「あれっ、失敗しちゃった。これは、もっと一生懸命やれということか」とひとりごとをいっている生徒もいたという。さらに、質問紙で、より一般的な形で、失敗の原因をどこに求める傾向が強いかをしらべてみると、「治療教育」前とくらべて、失敗の原因として努力不足をあげる傾向が明らかに増大していた。これに対して、成功経験のみを与えられた子どもでは、中間テストでも事後テストでも、何の改善もみられなかった。失敗に出会うとガタッとくずれ、今までの力が出せなくなる傾向はそのままだった。また、失敗の原因についても、能力不足におく傾向が依然として強かった。失敗を克服可能なものとみ、粘り強く取り組む傾向は、単純な成功経験だけを与えたのでは強められなかったのである。

「努力万能主義」批判

以上のドウェックの一連の実験は、確かに興味深いといえよう。そして、「努力すればなんとかなる」と思うことの重要性をまざまざと示してくれた。だが、ここからただちに、「しつけや教育の場では、もっと努力を強調すべきだ」とか、「あきらめることを子どもに許してはならない」などと結論するのには疑問が多い。まして、「どんな場合にも努力することはよいことだ」「何事も努力しだいだ」ということにはならないのである。こうした「努力万能主義」は、一種の非合理的信仰というべきもので、とくに日本のように、もともと努力が尊重されている文化のなかにおいては、かえって危険でさえある。

確かに、努力しないで自分の能力不足に失敗の原因があると思いこんでいる子どもやおとなに対して、努力すればできることを教えるのは、意味のあることだろう。柵を跳び越えようとしないイヌを引っぱって、努力の意味をわからせるのと同様に、である。しかし、世の中は、努力すればそれですべてうまくいく、というものではない。知的課題についてはとくに、努力しても、実際に能力が低く、どうにもならない場合がある（もちろん、この能力が努力を通じて伸びていく場合も多い。しかし、それにはきわめて多くの時間を要し、生活のほかの側面の犠牲を必要とすることもある）。さらに、どういうわけか気がのらなくて努力できない、ということもあるかもしれない。すでに第1章でも述べたように、大部分の喫煙者は、潜在的にせよ、タバコはやめたいと思っている。けれどもそれを実際にやめるのは至難で、努力を強調するだけではどうにもならない。

　努力万能という信仰がひとたび受け入れられると、失敗がすべて本人の努力不足のせいにされてしまいがちだ。これは当人にとって、なんともやりきれない状況をつくりだす。

　また一方、当人としても一生懸命やっているのに、いっこうに目標が達成できなかった――このときなおかつその原因を自分の努力不足のせいにすることはむずかしい。とすれば、それは能力の不足のせいにせざるをえず、手ひどい無力感を味わうことにもなりかねない。

　実際、これは大学生を使った実験でも確かめられている。非常に努力したことがわかっている。にもかかわらず、試験の結果はわるかった――このような事態では、大学生たちは、自分の能力不足にその原因を求めることが最も多くなる。しかも、この結果に対し、「いやだ」「はずかしい」といった感情を強く示し、ひどい失敗感をあらわすのだった。努力万能主義が昂じると、これに反発し、あらかじめ努力しないことによって、自分が能力がないと人から思われないようにしたい、また自分でもそう思いたい、という行動も出てきかねない。小学校を「エリート」ですごした子どもが、もっと「エリート」の集まる有名中学校に入学してから、急にやる気をなくし、なげやりになって、成績は下がる一方だ――このような生徒のなかには、そうした事例が含まれると考えられる。

自分の努力に依存して環境内に好ましい変化をつくりだすことができるという見通しや自信、これを、ドウェックのような努力万能主義と紙一重の方法にたよらずに育てるにはどうしたらよいだろうか。これについてくわしくは、後の章で述べるが、ここでは二つのことを指摘しておきたい。

まずその第一は、子どもたちに、自分に合った分野、自分がとくに力を発揮できそうな分野をさがすように奨励することである。ドウェックの場合のように、ある一定の問題を与え、そこでもしできなかったら、その原因は自分の努力がたりなかったからだ、と思わせるのではなく、さまざまな分野の選択可能な問題のなかから、自分に合ったものをさがすことをはげますのである。

もちろん、世の中には、自分に合っていようが、合っていまいが、やらなければならないというものもある。読んだり、書いたり、簡単な計算をしたり、といった程度のことは身につけておかなければならないだろう。この場合には、それぞれが、自分の能力と見合った現実的な目標をたてることを奨励するのである。

どの分野で自分がよく力を発揮でき、どの分野は自分は比較的不得意か、といった自分の能力や適性や興味を正確に知っておくことは、よりよく人生を生きるためには重要であろう。

これは、最近の心理学では、メタ認知とよばれ、しだいに研究者の関心をひきつけるようになってきたトピックスのひとつである。

正確なメタ認知にもとづいて、自分にとって「やりがい」のある課題を選び、そこでの努力の有効性を確認してはじめて、本当の自信が得られるというもので、ただなんでも「一生懸命やれば失敗しない」と信じるのでは、おまじないと同じで、自信にはつながらないだろう。

第二に、ただ「努力せよ」というよりも、どのように努力するか、そのやり方を工夫することに重点をおくように促すことである。ただ「一生懸命やろう」、「集中してやろう」と思うだけでは、効果も上がりにくく、また自己向上の楽しさを体験しにくい。失敗が続いたさい、いちばん必要なことは、こんなふうにしたらうまくいくのではないか、といった具体的な改善策を思いつくことである。

ドウェック自身、極端な努力主義のもつ危険について注意を喚起していることをつけ加えておく必要があろう。あきらめないかぎり失敗ではない、などと強がるのを、彼女は「ニクソン症候群」という表現を使っていましめている。これはわれわれが、子どものなかに育成したいと思っている特性ではない。

あまり簡単にあきらめてもらいたくない、というのは正しい。しかし、なにもかも努力不足のせいにしない、ということにも、同じような重要性を認めておきたい。

第4章　自律性の感覚

効力感の要件

これまで、心理学のさまざまな分野における無力感の研究をみてきた。努力しても苦痛や欠乏などの「具合のわるい」状態から脱け出すことができない、という経験をかさねると、動物でも人間でも、すっかり無気力になってしまい、改善が可能なときでさえ、それを試みようとしなくなる。

それでは、この無力感と、効力感とはどんな関連にあるのだろうか。本書では、効力感とは、自分が努力すれば、環境や自分自身に好ましい変化を生じさせうる、という見通しや自信をもち、しかも生き生きと環境に働きかけ、充実した生活を送っている状態をさす。無力感におちいる条件がなければ、人々は効力感をもつ、といえるだろうか。それなら話は簡単だ——しかし、どうもそうではないようだ。

ある意味では、私たちの住む「豊かな社会」では、大多数の人々は、セリグマン流の無力感を体験させられるような「救いのない」状態にはおかれていない。しかし私たちの大半が日々「効力感」を味わっているか、というと、どうもそうとは思えない。

これには、大きく二つの理由が考えられる。ひとつは、人間が無力感におちいる状況は、苦痛や生理的欠乏など、生物としての生存への脅威から逃れられないという以外にもいろいろある、ということである（もちろん、生ずる無力感の程度は多少弱いかもしれないが）。前章でみたとおり、本人が価値をおく課題での「克服できない」失敗の連続もこれにあたる。さらに、「人間らしい生き方」が繰り返しおびやかされ、その状況を改めることができない、というときにも、人々は無力感におちいるのではないか、と考えられる。何をもって「人間らしい」生き方とみなすかには、文化差や個人差が少なからずありうるだろう。だとすれば、無力感におちいる状況にも同様な差異があるかもしれない。この点は本書の後半で改めて取り上げたい。

第二に、「具合のわるい」状況を変化させた、というだけではもちろんのこと、自分の活動が環境や自分自身に好ましい変化を生じさせた、というのも、効力感をもたらす「十分条件」でないことが考えられる。この十分条件をこれから考察していくわけだが、その前にここで指摘しておきたいことがある。それは、効力感が獲得されていると、通常なら無力感におちいるような状況におかれてもこれを切り抜けることができる、という可能性である（その逆の可能性も考えられる）。極端な話、自分の命があと数ヵ月、とわかったとしても、このとき、すべての人が無力感におちいるかというと、必ずしもそうではないだろう。これは、その人が獲得した効力感が、いわば命綱となって、無力感におちいるのを防いでいる、としか解釈のしようがない。もしこういうことがなかったら、人間はきわめて傷つきやすい（無力感におちいりやすい）存在なのかもしれない。

このような理由で、本書の後半では、もっぱら効力感に焦点をあてていくことにしたい。この章ではまず、好ましい変化を生ぜしめた活動が「みずから」はじめたものだ、という「自律性の感覚」が効力感の獲得にもつ意義を検討しよう。

報酬による意欲の低下

「人は食べるためにのみ生きているのではない」といわれる。確かに、人間らしく充実して生きるためには、「食べること」あるいは衣食住以上のことが必要である。なによりもまず、好きな、打ちこめる活動の場が与えられていることだろう。だが、自分の好きな仕事をしていて、さらにそれに対して報酬ももらえるとしたらどうだろうか。そんなけっこうなことはない、その人はますますやる気を出して、生き生きと仕事をするようになるだろう――誰しもこう思うのではあるまいか。しかし、実際は必ずしもそう単純ではないらしい。他人によって外側から与えられる報酬が、人々のもともともっているやる気や興味を低下させてしまう場合があるのだ。最近、アメリカ、カナダ、イスラエルなどでさかんに行なわれている研究は、そう示唆している。そこでまずこうした研究をいくつかみてみることにしよう。

ディシ[*1]は、大学生を対象にして、金銭による報酬の「効果」をしらべている。彼の実験においては、「ソマ」という一種の構成課題が用いられた。これは、大学生の知的関心をひくパズルとしてよく知られている。実験の第一日目には、各被験者がどのくらい熱心にこのパズル解きを行なうかがしらべられた。次いで二日目には、実験群と統制群とでちがった扱いをした。すなわち、実験群の大学生では、パズルが正しく解けるたびに、一ドルの報酬が支払われた。他方、統制群では、解けても何の報酬も与えられなかった。そして実験の三日目は、再び第一日目と同じやり方にもどった。すなわち、実験群、統制群とも、パズルが正しく解けても何の報酬も与えられなかった。

毎回、実験者は実験の途中で、もっともらしい口実をつくって、数分間中座した。そのあいだは、被験者は何をしていてもよかった。そばにある雑誌をめくっていてもよいし、新聞を見ていてもよい。あるいは、ソマパズルをやりつづけていてもよかった。ただし、部屋の外に出ることだけは許されていなかったが。この「自由時間」に被験者がどんな行動をとるか――つまり、ソマパズルをやりつづけることがどのくらいみられるかを両群でくらべたのである。

結果は、興味深いものだった。実験群では、解けると報酬のもらえる二日目では、パズルをいじりつづけることが多かった。しかし、解けても無報酬の三日目になると、とたんに興味を失うのである。この興味の低下は、同じように解けても無報酬だった一日目の反応とくらべてみると歴然としていた。他方、一日目から三日目まで、一貫して何の報酬も与えられなかった統制群では、そうした興味の低下はみられなかった。

ディシは、同じようなやり方で次々と実験した。そして、金銭の報酬が、被験者のもともとっている興味を低下させてしまうことを確かめた。また、実験室のなかだけでなく、日常場面でもこうした結果が生ずるのを確かめている。

たとえば、大学の新聞部のサークル活動で、新聞の見出しをつけるのを担当していた学生についての研究がある。もちろん、彼らはよい見出しを考えたからといって報酬がもらえるわけではない。しかし、皆熱心にサークル活動に参加し、よい見出しをつけようとしていた。

このような学生たちを、それとは知らせず、研究の対象とした。

年度末が近づいたとき、実験群に割り当てられた学生は、編集主任から次のようにいわれた。「サークルの予算があまっている。年度末までに使いきりたい」。このような名目で、見出しをひとつ考えだすごとに、五〇セントが支払われるようになったのである。他方、統制群に割り当てられた学生では、いつもどおりで何の報酬も支払われなかった。こうして三週間ほどたったあと、「予算を使いきった」として、それ以後はもとのやり方にもどった。

こんなふうにして、実験群の学生に報酬が与えられなくなってから、三週間後、さらには八週間後に、見出しをつけることに対する熱意の度合の変化（報酬導入前とくらべて）をしらべてみた。すると、どちらの時点でも、実験群の学生では明らかに熱意が低下していた。しかし、統制群では低下は全くみられなかった。

「ごほうび」による興味の低下

幼児に対して、意欲を増す手段として親や保育者がよく使うのは、物品や賞状のようなごほうびだろう。スタンフォード大学のレッパー[*5]らは、実際の保育場面で、このごほうびが意欲に及ぼす影響を研究している。保育場面のなかで、絵を描くことが好きで、自由遊びの時間にもよく絵を描いている幼児がここでの研究の対象だった。

幼児たちは、保育室からはなれた一室に一人ずつよばれ、そこでフェルトペンを使って、好きな絵を描くよう実験者からたのまれた。このとき三つの群がもうけられた。第一は、「ごほうび予期」群ともよべるものである。ここでは、「よくできたらごほうびをあげる」という約束のもとに、子どもに好きな絵を描かせた。「ごほうび」は、金星と赤いリボンの飾りのついた賞状で、子どもの名前と園名が印刷されていた。幼児にとってはこれは、かなり魅力のあるものだ。第二の群は、特別ごほうびの約束をせず、ただ「小さい子が絵を描くところが見たいので、絵を描いてほしい」――こうおとなからいわれて、自分の好きな絵を描いたのである。ただし、終了後に、第一の群と同じごほうびをもらった。いわば、「予期せぬごほうび」群ともいえよう。そして第三の群は、ごほうびの約束もなく、また実際にも子どもたちは、ごほうびを与えられなかった。「ごほうびなし」群とよんでおこう。

この部屋で、幼児たちが描きあげた絵の枚数では、ごほうび予期群の子どもが、他の二群の子どもにくらべて明らかに多かった。ただし、絵の質は低い傾向があった。

さらに、この部屋での「体験」の一～二週間後の、保育場面での自由遊びの時間における子どもたちの行動が観察された。つまり、自分からすすんで絵を描く行動が「体験」前とくらべてどのくらい見られるかが、三つの群で比較された。結果は、ごほうび予期群の子ども、すなわち、ごほうびの予告のもとに絵を描く経験をした子どもは、他の二群の子どもにくらべ、明らかに自発的に絵を描く者が少なかった。彼らは以前よりも絵を描くことへの興味が減ってしまったかのようだった。他方、予期せぬごほうび群とごほうびなし群では、そのようなことは見られなかった。彼らは以前と同じように、自由遊びの時間に喜んで絵を描いていた。ごほうびを期待して絵を描くことは、その後の自発的な興味を低下させてしまうらしいのである。

ひきつづいて行なわれた研究によっても、ごほうびを期待して絵を描くことは、その後の、ごほうびがない事態での興味を低下させてしまうことが、繰り返し確かめられている。

外的評価による向上心の低下

どうして他の人から報酬をもらうことが、もともともっている興味ややる気を低めてしまうのだろうか。この話に移る前に、もうひとつだけ実験例をあげておきたい。学校教育のなかでよく使われる、教師による成績評価の「効果」に関する実験である。結論からいえば、これもまた子どもたちがもともともっている内発的な興味を低下させることが見出されてきた。さらに注目すべきことには、外的評価の予告は、自分の能力を伸ばそう、よりむずかしいものに挑戦してみようとする自己向上的な意欲さえも弱めてしまうことが、ハーターの実験で報告されている。

彼女の実験では、小学六年生が被験者だった。彼らは、アナグラム課題、つまりバラバラに並べられた文字を組み合わせて単語をつくる課題を与えられた（日本語流にいえば、「ゆやけう」という四文字の集まりから「ゆうやけ」の単語を構成する、といったようにである）。このさいハーターは、三文字からなるものから六文字のものまで、むずかしさの水準の異なる四種類のアナグラム課題を用意した。三文字のものは最もやさしい課題、六文字のものは最もむずかしい課題ということになる。

最初に練習ゲームと称して、これら四つの水準のアナグラム課題のむずかしさの程度を実際に経験させせた。そのうえで「本番」に入った。ここでは、子どもたちは、自分の好きなむずかしさの水準の課題を選んでやってよいとされた。むずかしさの程度の異なる四組のアナグラム課題（各八題よりなる）を示され、このうちからどれか八題を選んでやるようにいわれたのである。全部やさしいのでもよいし、全部むずかしいものでもよい。あるいは、やさしいのとむずかしいのをまぜて選んでもよかった。

ただし、この選択に先立って、二つの群で、実験者からいわれていたことが異なっていた。一方の群の子どもでは、これは単なるゲームであると告げられた。もう一方の群の子どもでは、ここでの出来具合によって成績を評価することが強調された。すなわち、この課題は、読みや綴りの学習と関連が深いこと、八題中いくつ正答したかに従って（どのむずかしさの水準のものを選んだかとは関係なく）学校の先生がするように、優・良・可・不可の評価をつけること、を告げておくのである。そして実際、課題終了後には評点をつけた。

結果はどうだったか。評価の予告がされた群のほうが、ゲームとして紹介された群の子どもにくらべ、よりやさしい水準の課題を選ぶ傾向が明瞭に認められた。平均すると、彼らは、四文字以下で、やさしい課題を選ぶ傾向が強かった。ところが、ただゲームとして楽しんでやった群の子どもでは、平均は五文字近くで、適度なむずかしさのものに挑戦してみようとする傾向が強かった。一般的にいうと、練習のさい、アナグラム課題を解くのが上手な子どもは、「本番」では、よりむずかしい課題を選ぶ傾向があった。しかし能力と選ぶ課題のむずかしさが対応するというこの傾向は、ゲームとして楽しんで解くようにいわれた子どものほうが強かったのである。

また、実験終了後に、どの課題をやっているのがいちばん好きか、それはどうしてか、と子どもに直接聞いてみた。すると、ゲーム条件での子どもは、適度なむずかしさだからよいとする発言が多かった。「三文字や四文字のはやさしすぎるし、六文字のはむずかしすぎる。五文字のがいちばん好き」とか、「むずかしいのが好き。だってそのほうがやった満足感があるから。だけど、むずかしすぎるのは、ただイライラするだけだ」というわけだ。他方、評価予告群の子どもは、「きっとそれならできると思うから」とか「やさしいのが好きだから」といった理由が多かった。

成績をつけると予告することは、明らかに向上心に水をさすものであるといえよう。同じような結果は、別の人の研究でも確認されている。

行動の源泉としての自分

今までみてきた一連の現象をどう解釈したらよいのだろうか。なぜ他人によって報酬を与えられたり、評価されたりすると、もともとある興味や向上心が強まるどころか、逆に消失してしまうのだろうか。

これに対しては、これまでいろいろな解釈が提出されてきた。それぞれニュアンスのちがいはあるが、しかし、多くの解釈に共通しているのは、金銭やごほうびなどの報酬や外的評価の導入が、自律性の感覚を失わせるのではないか、ということである。

わたしたちは、好きな活動に従事しているとき、自分の活動を支配しているのは、ほかならぬこの自分であるという実感がある。その活動はいつはじめてもよいし、いつやめてもよい。どんなふうなやり方でやろうと自分の自由である。しかし、ひとたび賞や外的評価が導入されるや、賞を得るために、あるいは外的評価の基準に合うように、行動を組織化しなおそうとする傾向が強くなる。そしてそれに関わる過程で、次第に、行動の源泉が自分ではないという感じが強くなるのではないだろうか。

このことは、今みてきたハーターの実験での成績評価の予告をされた子どもの発言を思い出してみればよい。「なぜそのアナグラム課題を選んだのか」と聞かれたとき、この子どもたちは、「やさしいから」とか「必ず正しく解けるものだから」という意味のことを答えていた。

さらに、ハーターの実験では、実験終了後の面接で、成績評価予告条件の子どもとゲーム条件の子どもの両方に次のようなことも聞いている。それは、もし自分が経験したのとは反対の場面だったらどんな行動をとると思うか、と聞いたのである。すると、ゲームとしてただ楽しんで解いた経験をした子どもの大部分は、成績の評価が行なわれる場面では、「自分はよりやさしい課題を選ぶだろう」と答えるのだった。そしてさらに続けて、その理由は、「よい点をとりたいから」あるいは「わるい点をとりたくないから」だとはっきり述べる者が多かった。他方、成績評価の予告がされたなかで問題を解く経験をした子どものほうは、大部分が、もし成績の評価が行なわれない場面だったら、むずかしいのを選ぶと答えている。そして「成績について心配しなくてもよいからそうするのだ」と明言するのである。ある子どもは述べている。「私はむずかしいのを選びたいと思います。私がさっき（評価される条件で）三文字や四文字のやさしい問題を選んだのは、いい成績がとりたかったからです」と。

自分の好きなように行動できるときには、手ごたえがあるもの、「やったぞ！」とか「できた！」と思えるものを好む。しかし、ひとたび成績をつけるといわれるや、そうした内的な満足感を捨て、外側の基準に自分の行動を合わせようとする様子がよくあらわれているといえよう。ここでは、彼らの行動を支配しているのは、外的評価なのである。

社会心理学者のデチャームは、人間には、自分は自分の行動の源泉でありたい、自分の行動の主人公でありたい、という基本的な欲求があると強調する。もしそうだとすれば、このように、自分が自分の行動をコントロールしているという感じのもてなくなった活動が好まれなくなるのもうなずけよう。実際、ハーターの実験で、外的評価の予告のもとで問題を解いていた子どもたち、彼らの表現を使えば「よい点数をとりたいのでやさしい問題をやって」いた子どもたちでは、ただゲームとして問題を解いていた子どもたちより、課題に取り組んでいる最中にふともらすうれしさや楽しさを示す微笑反応が明らかに少なかったことが観察されている。自分が自分の行動の主人公でなくなった活動をするのは楽しくないものであることを、よく示しているといえよう。したがって、ディシやレッパーの実験にみられたように、その課題への興味が低下し、他の活動が選べる「自由な」場面では、わざわざその活動に従事することが少なくなるのであろう。

こうした見方に立てば、「予期せぬごほうび」が、内発的興味を低下させない、という結果も説明がつこう。また、最近、レッパーたちは、ごほうびが自己評価にもとづいて与えられたときには、内発的興味を低下させないという結果を見出している。これも同様に説明できよう。つまり、どちらの場合も、自律性の感覚がごほうびによってそこなわれにくいと考えられるからである。

自律性の感覚と効力感

このことは、効力感の形成の問題を考えるとき、とても重要である。効力感の形成には、努力の主体、つまり行動をはじめ、それをコントロールしたのは、ほかならぬこの自分であるという感覚——自律性の感覚が必要不可欠だと思われるからだ。

いくら好ましい変化を生じさせることができたとしても、誰かの命令ではじめたとか、何かほかの「やむをえない」事情のために努力した、というのでは、「ヤレヤレ」といった成功に伴う安堵感はあるにせよ、本当の効力感にはつながりそうもない。ところが今みてきたように、物質的な報酬や外的評価は、この自律性の感覚を喪失させやすい。これはとりもなおさず、効力感の形成が妨害されることを示唆している。

乳幼児期においては、この自律性の感覚の有無は、効力感を支える要素として、さほど問題ではない。彼らは、自分の好むことには熱中する。だが、意にそまないこと、いやなことに対してはテコでも動かない面がある。あるいは、彼らの生活では、意にそまないことは、しなくてすむことも多い。しかし、児童期以降、青年、成人と成長するにつれて、「したくなくてもしなくてはならない」という活動がふえてくる。「お母さんを悲しませないため」「入学試験に合格するため」「義理のため」……等々。このような理由からイヤイヤながら勉強する、不承不承仕事をする、という場合も生じうる。ここで、努力の結果がうまく実を結べば、無力感にはおちいらずにすむであろう。だが、これによって効力感の獲得にまでは至らないのではなかろうか。したがって、児童期以降の段階では、自律性の感覚、自分の行動は自分がはじめ、自分がコントロールしうるのだという感覚を、効力感獲得の前提として取り上げることが必要なのである。

このことは、実証的な研究によっても間接的にではあるが裏づけられている。それは、自分の行動に対するコントロール感をもっていると、成功や失敗の原因として自分の責任を強調する傾向が増すことを示唆する研究である。すでに第１章でみたように、成功・失敗の原因を自分におく傾向は、無力感と相容れないもので、間接的には効力感の指標とみなしうる場合が多い。

そのひとつの例は、アーリンたちにより行なわれた研究である。実際の教育現場を用いてのもので、五〜七学年までの生徒、六〇〇名近くを対象にしている。生徒たちは、二つの異なる学校から選ばれた。ひとつは、普通の、教師が主導権をもって学習をすすめる学校、もうひとつは、知的技能の習得の部分に一部、個別教授法（学習の進度などを自分で決めることができる）を取り入れているものだった。

生徒たちは、学年の始めと終りに、それぞれ二種の質問紙調査を受けた。第一のものは、生徒たちが教室内での学習がどのくらい自分のコントロールのもとにあると思っているか、その認知の程度をしらべるものだった。たとえば、「教室のなかで、自分で自分の活動を選べるチャンスがどのくらいあるか」「自分のペースで勉強ができるチャンスがどのくらいあると思うか」などの項目を与え、それぞれに四段階で評定させるのである。第二のものは、「知的達成の責任性尺度」であった。これは、前にも述べたように、教室のなかで生ずる成功・失敗の原因として、自分の責任、つまり自分の能力や努力の要因をあげる程度がどのくらい強いかをしらべるものである。

結果として、「学習に対するコントロール感」が大きいほど「自己の責任性」を認める、という傾向がみられたが、そのどちらが原因であるかはわからない。そこで統計的手法を用いて、どちらが他方の原因となっているかを検討してみた。すると、学習に対するコントロール感が、学業場面での成功・失敗に対して自分の責任を認知するのに先行することが見出された。つまり、学校での勉強を自分でコントロールできると思っていると、学業上の成功や失敗、なかでもとくに失敗に対して、自分の責任を認める傾向が強くなるのである。

もうひとつの研究も、やはり教育現場で行なわれたものである。フォロースルー計画のさまざまな教育プログラムの効果を比較する調査研究のなかで、この問題が検討されている。フォロースルー計画とは、アメリカにおいて、貧困階層の家庭の子どもの知力の遅れをとりもどそうとするヘッドスタート計画のあとをうけて、一九六〇年代後半から行なわれたもので、小学校三年生までこの補償教育を続けようとするものである。ここでは、教師が主導権をもち、その指示のままに、系統的な学習をさせようとするものから、子どものほうにむしろ主導権があり、好きな活動を好きなやり方で行なうことを許しているものまで、さまざまな形の教育プログラムがあった。調査の対象となった子どもたちは、このプログラムのどれかによって教育されていたが、いろいろな側面の発達に関して「テスト」を受けた。そのなかのひとつに、先に述べた「知的達成の責任性尺度」があった。

この調査では、子どもたちに学習に対する自分のコントロール感を直接たずねるということはしていない。そのかわりに、それぞれのプログラムを実施している教室へ足繁く通い、子どもが学習に取り組んでいる様子、子どもと教師のやりとりの様子、教室環境などを細かく観察した。そしてそこから得られた情報と子どもの成功・失敗に対する責任性の程度との関連をしらべたのである。

その結果は、子どもが、自分で（教師の指示や示唆によるのではなく）どんな活動をやるかを決めることができる学級の子どもほど、教室場面での成功に対して、自分の努力や能力を強調することが多かった。ただし、失敗に対しては、彼らのほうが他人のせいにする傾向が強かったのであるが（この反応は、失敗を自分の能力不足におく反応よりは、事態を改善しうる自信を示していると思われる）。

自分でものごとを決める自由が許されている環境のもとに長期間いた子どもに、自律性の感覚が強いと考えるのは自然なことだろう。とすれば、この結果もやはり、事態を改善しうるという自信、ひいては効力感の形成に、自律性の感覚が重要な役割を果していることを示すものといえよう。

自律性は自己選択から

それでは自律性の感覚を発達させるにはどうしたらよいだろうか。外側からの報酬や評価がこないようにすればよい――これは確かにひとつの方法である。ただし、そのためには、やりがいのある課題と取り組める状態にいることが、前提として必要であることを強調したい。本章で述べてきた賞のマイナス効果を示す実験例は、あくまでも、内発的に知的な興味をひく課題、手ごたえのある課題に対してみられた現象であったことを思いおこすべきである。つまらない課題では、賞がないと作業量が減ることが知られている。

外側からの「強制」がないことを前提にしよう。このとき、自律性の感覚をより強める方法はないだろうか。すぐ思いつくのは、自己選択の機会をもたせる、ということだろう。多くの選択肢のなかから、自分で自分の好む活動を選ぶことができる――これこそ自分の行動の主人公は自分であるという感じをさらに強めるのではないだろうか。それが効力感を発達させることにもつながっていこう。

実際、この可能性を示唆している実験がある。スワンたちの実験がその例だ。彼らは小学校低学年の子どもたちを対象にしている。

子どもたちは、一人ずつ部屋によばれ、絵を描く活動を含めていくつかの好ましい活動が実験者より示された。そして一方の群の子どもには、このうちのどれかひとつを自分で選んでそれで遊ぶように求めた。これらの子どもたちは、実際には絵を描く活動を選んだ。もう一方の群の子どもには、実験者がひとつの活動（絵を描く活動）を選んでそれで遊ぶように指示した。数分間遊んだあと、実験は終了したことを告げた。このあと、「少し時間があまった」という名目で、好きなようにすごすことが許される。ここで、この「自由時間」に、絵を描く行動をどのくらい自発的に続けるかが両群でくらべられた。すると、自己選択の機会のあった群の子どものほうが、絵を描く活動にひきつづき取り組むことが明らかに多かったのである。自分で選ぶことは、その課題に粘り強く取り組む傾向を強めた。これは、自律性の感覚が働いていたからだ、と解釈できよう。自己選択が、自律性の感覚、ひいては効力感を育てる可能性が示唆されている。

ただし、このような結果をもとに、ただ何でも自己選択させればよい、と考えるべきではない。自己選択は、自分の活動に対するコントロール感を強めることが多い。だが、どんな場合でもそうであるわけではないからだ。選択肢の出し方によっては、コントロール感がもてない場合もありうる。アメリカの心理学者、モンティが強く警告していることである。たとえば、彼とその共同研究者によってなされた実験にこのようなのがある。

大学生が実験室で、対連合学習という単純な学習をすることを求められた。これは、刺激語として提示された単語と反応語として提示された単語とを対にして記憶する課題である。たとえば、日本流にいえば、有意味語同士の対の場合は、「ツクエ－カメラ」、有意味語と無意味語の対のときは、「タヌキ－ハホヘ」のような項目を示され、刺激語として「ツクエ」といわれたら「カメラ」、「タヌキ」といわれたら「ハホヘ」の反応語を答えられるように記憶するのである。

モンティらは、各刺激語にそれぞれ二つの反応語を配した学習リストを用い、三つの条件を設定した。第一は、二つの反応語（選択肢）のどちらも被験者にとって魅力的な（つまり記憶しやすい）有意味語で、このうちどちらか一方を被験者が自分で選び、その対を覚えるように要求された。第二は、提示された反応語は、片方は魅力的（有意味語）だが、片方は全く魅力のない（覚えにくい）無意味語で、やはりどちらか一方を選ぶようにいわれた。第三は統制群で、第一の群と同様、二つの魅力的な反応語が並んでいるが、すでにそのうちの一方には実験者によって○印がつけられていた。そしてこの○印のついているほうを覚えるように要求された。いずれの群も、一試行一二対の項目からなる学習リストを六試行繰り返した。

さて結果であるが、これは魅力的な選択肢同士のあいだで選択した第一の群が最も学習がすすんだのだった。選択肢間の好ましさに歴然とした差のある第二の群の成績は、自己選択の余地の全くなかった第三の群と同じで低かったのである。自分が事態をコントロールしているという認知は、第一の群の大学生にしかもたれなかったのだろう。

彼らの別の研究では、一二項目の最初の三項目だけを自己選択させたが、これだけでも、すべての対を選択させたときと同じように、学習が促進されることが示されている。自己選択によって成績がよくなるのは、まさにコントロール感のゆえであって、自分の覚えやすい選択肢を選べるから有利だったのだ、とは考えられない。

選択はたださせればよい、というものではない。「自分の意志で選んだのだ！」と思えるような選択をこそしなくてはならない。「子どもの主体性を尊重している」「子どもに自分で選ぶ機会を与えている」――こう主張する人のなかに、モンティらの実験の第二群のような選択をさせている人はいないだろうか。教師が望ましいと思っている選択肢、子どもに選んでほしいと思っている選択肢とともに、子どもが全く選びそうもない選択肢を出して、「子どもの選択を尊重している」という場合である。

もう一度繰り返しておこう。大切なのは、選択という行為ではない。自分は自分の行動の主人公であるという感覚をもてるかどうかなのである。これがやる気をもって生き生きと活動に取り組むようになるために必要なのである。

残された問題点

本章で取り上げたトピックは、比較的新しいものである。したがって、実験的証拠のうえからも、理論化のうえからも、かなりの不確かさがつきまとうのは避けられない。これを簡単に要約しておこう。

第一に、行動の源泉が「自分」にあるか、それとも「他者」にあるか、対立的に考えるのは、いかにもアメリカ人らしい発想で、これがこのまま日本でもあてはまるかは、今後検討されなければならない。日本では、誰が主人公ということなしに、周囲の期待や他者との調和をも考慮して「なんとなく」活動がはじめられることもけっこう多い。しかもこれでうまくいっているようにみえる。

第二に、自律性の感覚が失われることが、内発的興味、向上心、効力感などを低下させる、というのは正しいとしても、自律性の感覚があれば、もたらされた好ましい変化が必ず効力感に結びつくかは疑問である。これについては、第6章でもう一度取り上げるが、自律性の感覚がそれ自体プラスの価値をもつためには、自己統合、つまりその人らしい生き方につながる、といった条件がさらに必要だろう。

第三に、物質的賞を与えることが、つねに自律性の感覚をそこなうとも効力感を低下させるとも思われない。そうでないと、好きな仕事で暮しをたてるというのは、できないことになってしまう。また、自己選択によってではなく、他人の示唆や、ときとして「義理」ではじめられたものであっても、あとで本人が「これこそ自分の天職だ」などと思うようになれば、十分効力感をもたらしうるのだろう。このあたりの吟味も今後に残されている。

第5章　他者との暖かいやりとり

効力感を育てる仲間との交流

効力感というと、どうしても事物を扱う分野での達成と結びつけて解釈されがちだが、環境における好ましい変化というなかには、もちろん人間による好意的な反応が含まれる。母親に「だっこ」をせがみ、抱き上げてあやしてもらえたら、赤ん坊にとっては、努力が実を結んだことになる。プロポーズにOKしてもらえば、そのことだけで少なくとも一時的には、効力感を味わうことであろう。

しかし、他者との暖かい交流は、同時に、事物を扱ううえでの達成の喜びを増幅させ、効力感を導くことが多い。自分のなしとげた仕事が、誰か他の人のために役立った、他の人に喜んでもらえた、という実感は、決して自律性の感覚や内発的興味を低下させるものでなく、むしろ達成や成就により大きな意味を与える、と思われる。本章では、このことをみていきたい。

ここにひとつのエピソードがある。荒川区のある中学校で新聞記者が取材したものである（「赤旗」教育取材班編『生きる意欲をそだてる』白石書店）。欠席過多による原級すえおきを繰り返している、いわゆる「手に負えない」不登校児の例である。この少年は、学校に行かないときには、窓のカーテンも開けず、うす暗い部屋に一人でひきこもっていることが多かった。自殺未遂をおこしたこともあるという。極度の無気力の状態にいたと推定できる。

彼は、クラスの仲間たちの粘り強い働きかけが功を奏して、二学期の半ばになってやっと登校するようになる。ちょうど、間近に迫っていた文化祭の準備期間だったこともあり、クラスの一員として活躍する場が次々と与えられた。クラスで上演することになっていた劇の舞台装置を準備する役になる、クラスの代表で出したポスターが学校中の一位になり、文化祭のプログラムの表紙として採用される……。彼のクラスではクラスの仲間がそれぞれ得意な分野で「小先生」になってお互いに教えあう制度があった。そこで、技術科が得意であることがわかった彼は、ここで先生役になって仲間に教えることもした。こうして、仲間とやりとりするなかで、生き生きと活動し、一日も休まず登校するようになる。その年度の終りには、新年度の全校の生徒会長にも選ばれるほどになった。そして、「学校が生きがいだ」とさえ、口にするまでに変ったのである。

仲間から必要とされているという確かな手ごたえ、これが、ただ単に無気力から回復させるのに寄与したというだけではない。生きる意欲ともいうべきものの形成にもつながっていったことがよく示されている。他者、とくに自分の仲間からの応答やそれを支えている関心が、そして、仲間に「貢献しうる」という実感が、効力感の源泉としていかに重要かを物語っている。

最近の乳幼児研究によれば、人間は、人生のきわめて早い時期から、自分と同類である人間に対して、とくに強い関心を示すという。他者は、人間にとって単なる物理的刺激とはちがった意味をもっているらしい。

しかし、他者の存在の意義が、効力感の源泉としてとくに重要になるのは、児童期以降、青年期、成人期の人間においてかもしれない。彼らは、他の人々の感謝、尊敬、誇り、といった微妙な感情を推測できるので、それだけ、自分の働きかけの「手ごたえ」を実感できる機会が多いと思われるからである。いずれにせよ、自分と同じ仲間に属する人々からの是認、関心、感謝が、自己の存在意義を自覚させて、生き生きとした活動への源となりうると考えるのは自然だろう。

私たちにとっても、「仲間から認められた」「自分のしたことで家族がとても喜んでくれた」「自分の発言が仲間の関心をひきつけた」――このような経験に、生きるはりあいを感じ、「よしまたがんばるぞ！」という思いに駆られたことが、日頃少なくないであろう。その意味で、効力感の源泉として他者との暖かい交流を強調することは、別に目新しい考え方ではない、と思う読者がいるかもしれない。しかしこれは、対人関係を強調する日本の社会にいるからこそ、気づきやすいことなのだと思う。というのは、他者とのやりとりが効力感の源泉であるといった発想やそのことを示すような実証的研究が、アメリカではきわめて少ないからだ。

効力感という概念は、もともとアメリカで生まれたものである。第10章で述べるように、個人的達成がひどく強調されるアメリカの社会では、効力感は、もっぱら自分の努力に伴う知的業績によると解されてきたようにみえる。しかしそのアメリカでも、最近、競争的体制への反省とともに、協同的な作業や学習への関心が高まってきたのは興味深い。

効力感の育ちにくい競争的文脈

他者と自分をとりまく環境がどのような関係を強調しているか。これは、効力感の源泉となりうる他者とのやりとりの問題を考えるとき重要である。他者の成功が即自分の失敗を意味するような関係では、自分が仲間のなかで生きている、仲間とともに自分も成長している、という実感を得にくいことは想像するにかたくない。その意味で、競争的な関係が強調される文脈は、効力感の育つ素地として不適切なのではないだろうか。

最近の研究によれば、他者との競争が強調されるときには、満足感は、自分が努力したことからではなく、自分の能力の高さや好運からくるとする見方が強くなることが示唆されている。さらに、競争的な文脈では、自分や相手の「能力」を評価することにもっぱら関心が向けられる。そしてたえず、相手とくらべて自分はどのくらい「頭がよいか」に神経をとがらせる傾向が強くなるといわれている。

一例をあげよう。エイムズという人により、小学五年生の男児を対象にして行なわれた実験である。

二人がペアになって課題を解くことが要求された。ただし解くのは、それぞれが自分一人の力でやることになっていた。課題は、知的課題の一種で、幾何学図形の一筆書き問題ともよべるものである。鉛筆を紙の上からはなさず、しかも同じ場所を二度通らずに複雑な形の幾何学図形を一筆書きでなぞるのである。二つの実験条件が設定された。競争条件と非競争条件である。競争条件では、二人のうち、成績のよかったほうが「勝ち」になり、その子はごほうびにちょっとしたおもちゃがもらえることが前もって告げられていた。非競争条件では、二人のどちらにもごほうびが与えられることになっていた。研究に協力してくれたお礼という名目だった。どちらの条件でも、一組の問題を解いたあと、実験者から、二人の成績が読みあげられた。したがって、お互いに相手が何題解けたかがわかるようになっていた。

このあと子どもたちは、実験場面についての「感想」をいろいろな角度から質問された。この「感想」と実験条件との関連をみることが実験の目的だった。

次のようなことが見出された。非競争条件では、自分はよくやったという満足感は、自分がどれほど努力したか、その自己評価と対応していた。すなわち、満足だったと思う者は、自分がとてもよく努力したと自己評価する傾向があった。逆に、不満足だったと思った者は、自分の努力が不十分だったと述べる傾向があった。ところが、競争条件では、満足感と努力の自己評価のあいだに、そのような関係はみられなかった。そのかわりにみられたのは、自分の能力の高さと運のよさの自己評価が満足感と大いに関係がある、ということだった。つまり自分の能力が高かった、また運がよかった――こう答える者は、自分がよくやった、と満足感を示すことが多い。また、自分の能力がたりなかった、それに運もわるかった――こう思う者は、自分の成績に不満足感を示したのである。

さらに、自分や相手の成績をどう評価するかについての結果も興味深いものだった。これは、一〇個の金星を提示し、それぞれの子どもに、自分は何個の金星を得るのにふさわしいと思うか、相手の子はどのくらいだと思うか、とたずねたのである。

その結果は、競争、非競争の両条件とも、成績のよかった者が、わるかった者より、よりたくさんの金星をもらうにふさわしいと考える傾向があった。これはある意味で、あたりまえの結果である。注目すべきなのは、成績のよかった者とわるかった者とのあいだでの賞の差が、競争条件のほうではより著しかったことである。つまり、競争条件では、勝てば、必要以上に自分をえらいと思い、とてもたくさんの賞を自分に与える。そして負けた者へは賞を非常に少なくし、その価値をひどく低く見積るのである。では、自分が負けたときはどうか。このときは、自分に与える賞をひどく少なくする。いいかえれば、自分の能力のなさを必要以上に責めるという傾向がみられた。いわば、結果（勝ち負け）によって、一喜一憂するのである。非競争的条件では、そうした激しいコントラストはみられなかった。

ここでみられた結果は、その後の研究でも繰り返し確認されている。

こうみてくると、競争が強調される文脈では、人々が結果志向的になることがよくわかる。しかも、この結果は、自分の意志では変えることのむずかしい「能力」や「運」によって決まっていると考えるようになるのである。この意味で、競争を強調する文脈は、効力感どころか無力感を生みやすい素地を多くもっているといえよう。第３章でみたドウェックの実験を思い出してほしい。そこでは、失敗の原因を自分の能力不足のせいにする傾向のある人は、少しの失敗ですぐ「無力感」におちいりやすいことが、はっきりと見出されていた。エイムズは、自分自身の一連の実験結果にもとづき、競争を「基本的に失敗志向のシステムだ」とさえ述べている。競争的文脈では、勝者は勝つことにより、ますます自分のえらさに酔い、敗者はいっそう自己卑下が強くなる。したがって、そうした勝者が失敗に出会ったときの失意落胆は著しいことが示唆されるからである。

また、競争的文脈では、そこにいる人々が、お互いに友好的でなくなる——これも、実験的に繰り返し確かめられてきた事実であることをつけ加えておこう。

このようにみてくると、競争を強調する雰囲気は、効力感を生みだす他者とのやりとりを支える環境として好ましくない、といえよう。

仲間同士の教えあいと効力感

では、競争的でない環境で、どんなやりとりが、効力感の源泉になるのだろうか。この問いに直接答える実験的証拠は、前に述べたような理由から、まだ多いとはいえない。しかし、間接的なものも含めれば、ないわけではない。

そのひとつは、仲間同士の教えあいというやりとりであろう。仲間のうちでできる者ができない者に教える、あるいは年長児が年少児に教えるのである。

最近アメリカでは、学校教育において、クラスのなかでの生徒同士の教えあいや上級生が下級生に教えることが取り入れられるようになってきた（まだ試験的にではあるけれども）。ここで注目すべきことは、教えあいは、教える者の自分に対する自信や、自分に対する肯定的イメージの発達を促すらしいことである。

たとえばリピットの異年齢間の教えあいプロジェクトは、その一例である。一週間に三〜四回、上級生が下級生を教える時間が設けられた。小学校の高学年の者が低学年の者を教えるというばかりではない。中学生が小学校の高学年を教える、高校生が中学生や小学生を教えることも試みている。ここで教える側になった子どもに面接してみたところ、自分に対する自信や自尊心が高まることが見出されたという。さらにリピットらのやり方をより体系的に学校教育のなかに取り入れた別の研究では、教えあいが、教える者の自分に対する肯定的な見方を強めることが確認された。

効力感の中心には、自分に対する肯定的な見方がある。効力感をもつためには、努力すればなんとか事態を改善できそうだという見通しが前提になる、という意味においてである。そうだとすれば、ここでの結果は、仲間同士の教えあいが、とくに教える側の子どもの効力感を高める証拠と考えてよいだろう。リピットはいま述べたプロジェクトからの経験も含めて、教えあいが教える側の者にとってもつ利点のひとつに、「影響力があり、感謝され、必要とされていると感じる機会を与えてくれる」ことをあげている。教えられる側から寄せられる感謝や尊敬が、同時に、他人の役に立てたという教える側の内的な満足が、自分に対する肯定的な見方の形成に寄与したと解釈することができる。

協同的学習と効力感

ひとつの目標の達成をめざして、仲間同士がやりとりすることも、効力感を形成するやりとりの形として考えられる。いわゆる協同的な学習である。

デイビット・ジョンソンたち[*3]は、学校教育場面で、集団討論を含む協同学習の意義を研究している。協同学習がもたらすさまざまなプラスの効果を見出した例を、一、二あげてみよう。はじめに紹介するのは、小学五年生三〇名を対象に行なわれた実験である。

生徒たちは、「文章の理解と使用」と題した本の一部を使って、ことばの技術を学習した。これは、文章の基本構造やよい文章の書き方などを教えるものである。この「特別学習」をするにあたって、三〇名の子どもたちが次の二つのいずれかの実験条件に割り当てられた。

協同学習条件では、いろいろな能力の子どもが四人一組になって、小集団で学習することが要求された。教師から出される課題に対して、皆で協力しあって、一つの「答案」を書きあげるようにいわれていた。個別学習条件の子どもは、一人で学習するようにいわれた。「答案」も一人で書くことが求められていた。

毎時間、まず三〇名全員で、その日に渡された教材の内容を理解する。次いで、実験条件別に分かれて、教師から出された課題を学習する——このような手続きで、一七日間にわたって「特別学習」が行なわれた。一回の時間は、四五〜六〇分くらいであった。

協同学習条件では、友だち同士、積極的にアイディアや意見を出しあうことが奨励された。また、困ったことがあってもなるべく教師の手をかりず、自分たちのあいだで解決するようはげまされた。実際、この生徒たちが、小集団に分かれて学習しているときには、友だち同士の積極的なやりとりが生じていたことが観察された。

こうして、一七日間の「特別学習」を終了したあと、質問紙で、生徒たちにいろいろ感想を聞いたり、テストをしたりしてみた。その結果、次のことが見出された。協同学習条件の子どもでは、個別学習条件の子どもにくらべて、自分は友だちから好かれていると思うと答えることが多かった。友だちは、喜んで、自分が学習するのを助けてくれる存在だと感じていることも多かった。また、「こんな学習のやり方が好きだ」という学習場面への好ましさも、協同学習条件のほうがより高かったのである。さらにもうひとつ注目すべきことがあった。それは、協同学習条件の子どもでは、個別学習条件の子どもにくらべて、愛他的行動の徴候とも思われるものがより多くみられたのである。面接調査で、四つの仮説的な選択場面を提示し、そこでどんな行動をとるかを聞いたのであるが、自分の利益だけを考えず、相手のことも考えよう、場合によっては、自分の利益は二の次にして、相手のためにつくそうとする傾向が、こうした協同学習を通じて発達するらしいことがうかがわれた。

ジョンソンたちの別の研究では、さらにいろいろの調査方法を用いて、協同的学習の効果をしらべている。たとえば、五〇日間にわたって、前に述べたような手続きで算数の学習を行なった。そこでは、協同的学習を通じて自分に対する自信が増すことが見出されている。「学校で自分はりっぱに学習をやっていけるのだ」と確信をもつことが多いのである。また、自分の人生を左右しているのは運ではない、と考える傾向や、一生懸命勉強すれば結局力もつくのだ、という考え方も、協同的学習のもとで発達しやすいことが見出された。

目標を共有しながら、各自が積極的に意見を出しあい、討論する——仲間同士でのこのようなやりとりが、自分は相手に認められているという実感をもたらすのであろう。そして、自分は一人ではない、自分が困ったときには手助けをしてくれる友だちがあるのだ、と思うようにもなるのである。自分の存在感や自信も強まろうというものだ。また、協同的学習を通じて、他人のためにつくすという気持も育ってくるらしいことは興味深い。使命感や奉仕の精神も、このように「貢献する喜び」を通じて伸びてくるのかもしれない。

いずれにせよ、教えあいや協同的なやりとりが効力感の形成に寄与することが、実証的にも、ある程度確かめられているといえよう。自分が相手から必要とされている、自分のしたことが相手の役に立ち感謝された――自分の行動に対するこのような強烈な手ごたえは、物理的刺激とのやりとりでは得られにくい。自分と同じ仲間である他者とのやりとりを通じてのみ得られるものだといえよう。これは老人についてもいえることだ。「自分はまだ若い者に影響を及ぼすことができる」「まだまだ自分がいないとこの家はどうにもならない」――家族とのやりとりのなかで得られたこうした体験が、認知症の老人を生き生きとさせ、病状の大幅な改善に役立ったという報告もあるくらいである。人間にとって、他者との暖かいやりとりは、効力感の源泉としてきわめて重要だといえよう。

他者の存在は効力感を増幅する

他者は、効力感の源泉として重要なだけではない。他者とのやりとりは、対人的でない場面で得られた効力感を増幅する働きもする。他者が、自分の喜びに示してくれる共感は、そのひとつの形といえよう。

たとえば、自分の発見した知識やこれに伴う感激を、誰かに、それも自分の好きな人に共有してもらおうとすることはよくみられる。第2章でみた、ガタガタッという音の根源を自分の力でつきとめた女児の例を思い出してほしい。彼女は、自分の「発見」を共有してもらおうと、満面笑みで、そばにいる母親をふりかえったのだった。おそらく、母親の共感は、この子どもの喜びをさらに倍加させることだろう。

共感とまでいかなくても、同じ活動を集団のなかで行なうと、より楽しいと感じる現象――これも、他者とのやりとりが効力感を増幅する例といえよう。

本吉圓子（もとよしまとこ）は、保育園児についてこんな例を報告している（『私の生活保育論』フレーベル館）。跳び箱が跳べるようになりたいとがんばっている男の子。跳び箱は、保育園には一台しかない。しかも、跳び箱は子どもたちのあいだに人気があって、いつもそのまわりには、順番を待つ長い列ができているのである。ある朝、この子どもは、早く登園した。跳び箱のまわりには誰もいない。そこで彼は一人で跳んでいたが、五分もするとやめてしまった。しばらくして、皆が登園し、跳び箱のうしろに長い列ができるようになると、彼はそれに加わり、一時間近くも楽しそうに、それに興じていたのである。「一人でならたくさん跳べるのに、なぜさっきはすぐやめたのか」――この質問に対する返事は、「だってひとりじゃつまらないもの」だったという。

同じ活動であっても、集団のなかで、仲間同士やりとりすることで、楽しさが増し、活動も持続する。この例はこれをよく示しているといえよう。子どもが自発的に集団になって遊んでいるところを気をつけてみてみるとよい。何がおかしいのか、ちょっとしたことで、ワァーと笑い声があがることがよくみられる。

同じ行動を並行してやるというのとはちがうが、一人で課題をやるよりも、友だちと協力してやるほうが、「楽しい」と感じる傾向があることを報告している研究もある。そこでは、高校生が、一人でアナグラム課題を解く場合と、二人で相談しあって解く場合とを比較している。結果は、二人で協力したほうが、その事態を楽しいと評価することが明らかに多かったのである。

以上、本章でみてきたように、人間が生き生きと、充実感をもって暮していくことは、自分一人ではむずかしいといえよう。仲間のなかで、仲間と相互に暖かく、しかし忌憚（きたん）なくやりとりするなかで、彼の効力感も育ち、また強められるのである。仲間とのやりとりを通じて、仲間のためにつくしたい、役立ちたいという気持もまた育ってくるのだといえよう。そして、仲間のためにつくすことが、逆に自分を生かすことにもなると感じるのである。自分がひとのために何も役立つことができないと思うときほど、自分の無力感を痛感することはない。「引退し、草木相手にぶらぶらすごすようになってからとたんにフケた」――日常目にすることのような光景の意味を、私たちはもっとよく考えてみるべきであろう。

第6章　熟達と生きがい

目標達成だけでは効力感は生まれない？

効力感は、自分の努力が環境や自分自身に好ましい変化をひきおこすことができるという見通しや自信が中心になっているから、長期にわたってはらってきた努力が、目標達成に役立ったときに、最も強まるはずのものである。しかし、幼い頃から目標にしていた有名大学に首尾よく入れたとしても、それを親や友人が喜んでくれたとしても、それがただちに効力感をもたらすとは必ずしもいえない。確かにそれは彼自身にとっての成功を意味しており、その意味である種の満足が伴ってはいるだろう。一時的には「やったぞ！」と有頂天になることさえ多いであろう。けれども、それによって自分はがんばればやれるのだという感じもわいてこないし、ましてそれがバネになって、より生き生きとした、充実した楽しい日々が送れるとはかぎらない。実際、せっかく大学に入ったのに、やりたいこと、やりがいのあることを見つけようともせず、「無気力」に暮している人はおどろくほど多いのである。

これはいったいなぜであろうか。二つの理由が考えられる。ひとつには、彼の目標達成が「他人の」判断、それも合格かダメかという大まかな二分法的判断に左右されるものであって、自分がいかに成長したのか、何に関して熟達したのか、本人にははっきり実感としてつかめない、ということがあろう。自己向上に伴う内的な充実感がないと、成功は外的な報酬になってしまい、自律性の感覚を失わせることにもなりやすい。これが効力感を低下させることはすでに第4章で述べた。こうしたさいに、家族や友人が喜んでくれるのは、かえって逆効果にさえなるものだ。

第二の可能性として、自己向上の実感はあるものの、それが本人にとって価値のある成長や熟達でない、という場合があるだろう。何年も受験準備にうちこんでいれば、「受験学力」に関するかぎり、自分なりに力がついたと感じることはありそうだ。けれども、彼のたてている目標は、もともと受験に成功することだから、「受験学力がついた」こと自体が内的満足を与えるものではない。つまり、自分にとって本当に「好ましい」変化をなしとげた、とはみなせないので、真の効力感が生まれないのだろう。

この例からうかがえるように、効力感を発達させるためには、これまでの章で考察してきたことに加えて、さらに二つの条件が必要とされる。ひとつは、本人が自己向上を実感しうる、ということである。向上の判断基準が外部にあるかぎり、成功の喜びも、せいぜい一時的なものにとどまり、意欲的な生き方を導くものではありえない。もうひとつは、自己向上が本人にとって、価値のある、真に「好ましい」ものでなければならない、ということである。本章ではこれらの条件を考えてみよう。

熟達に伴う評価の自律性

本人が自己向上を実感することは、いかにして可能になるのだろうか。自分の活動や達成を評価するための枠組はどうやってつくられるのだろうか。残念ながら、この問いに直接答えられる証拠はほとんどない。しかし、熟達、つまりエキスパートになっていく過程についての最近の諸研究から、間接的な答えをひきだすことはできそうだ。

熟達者と初心者とをくらべてみると、多くのちがいが目につく。われわれは、とくに、熟達者の「手さばき」のあざやかさ、それがもたらす所産のみごとさに目をうばわれる。上手な職人の仕事ぶりは見ていて気持ちがいい。ピアニストの指がよくまわることや、野球の投手の投げる球の速いことには、おどろくほかない。

しかし、熟達者の行動をよく見ていると、彼らがただ単に強い筋肉をもち、それをすばやく、しかも他と協調させて動かすことができる、というだけでないことがすぐにわかる。なによりもまず、彼らのすばやく的確な判断こそが、彼らを初心者と区別するゆえんだということに気づくであろう。熟達した投手といえるためには、ただ速い球を投げられるだけではダメで、さまざまな打者のかまえや顔つきから彼の意図を読みとり、それをうまくはずすように狙いを定めて球を投げることができなくてはならない。つまり、自分のできる範囲内の活動のうちから、適切なものを即座に選んで実行していくことが要求される。

熟達者の的確な判断は、結局、彼らがその分野に関してよく構造化された知識をもち、それを上手に利用しているためだ、と心理学者は考えている。この知識の構造は、スキーマ(schema)とよばれる(これは日本語になりにくい言葉であるが、ひとまず母図式と訳しておくことにしよう)。

スキーマはある意味では複雑な式次第のようなもので、状況をにらみつつ次の行動を決めるさいの下敷きとして働く側面をもっている。同時にこのスキーマを使って自他の行なう行動が認知され、意味づけられ、記憶され、評価されることになる。その意味でスキーマは、人々の行動をみる枠組にもなっているのである。

心理学者は、この知識の構造、つまりスキーマが、知的活動において果す役割をいろいろ研究してきた。たとえば、スキーマが発達している分野では、私たちの記憶は、ずっとすぐれたものになる。専門の棋士は将棋の対戦が終ったあとで、ほとんどの駒の動きを完全に再現することができるという。ピアニストも、二時間ものあいだ、楽譜を見ることなしに演奏を行なうことができる。新しい曲に出会ったときでさえ、ほんの数回ひいただけで、すっかり暗譜してしまうという人もいるという。これらの人々が、もともとどの分野でも記憶がよいかというと、決してそうでないことがわかっている。つまり、彼らの一見おどろくべき記憶力は、その分野かぎりのもので、発達したスキーマのおかげなのだ、といえよう。

スキーマの発達は、人々の意欲にも大きな変化を生ぜしめる、と考えられている（これについては直接の証拠は少ない）。発達したスキーマは、それ自体、機会があるたびにそれにそった行動をひきおこす。また、自他の行動やその所産をスキーマにそって評価するようになる。このため、人々の行動が外側から与えられる刺激や評価に依存することがより少なくなる、という方向への変化をもたらすはずだからである。

おそらく腕のいい職人というのは、自分の仕事を自分なりに評価し、そこからある種の内的な満足をひきだしていると考えられる。出来上がったものがいいかわるいかは自分が一番よく知っている、とさえいえるかもしれない。そこで、自分なりに満足のいく仕事ができるかどうかというのが、彼の行動を律する最も重要な要素になる。いくらお金を積まれても自分で気に入らない仕事はしたくない、といった職人気質も、そこから生まれるのだろう。

同じようなことは、芸術家やスポーツマンに対してもいえるであろう。野球の投手が、「今日は点はとられなかったけれど、自分としては満足のいく出来でなかった」などと語っているのをよく耳にするが、これは決して謙遜ばかりではない。熟達した投手は、自分の出来ばえを自分のスキーマに従って判断しうるのである。

さらに、スキーマが発達してくると、あれこれ判断に迷って苦しむことは、ほとんどなくなる。腕のよい職人は、材料の「要求」を感じとって、即座になすべきことを知りうる。たとえば植木屋は、その木がこう切ってほしいといっているから、自分はその木の要求に従って切っているだけだ、とよくいう。うどんつくりの名人が、うどん粉のかたまりが行きたがっている方向にこねていくのが一番いい味のうどんをつくるコツだ、と話しているのを聞いたことがある。これは結局、スキーマがなかば自動的に（しかも適切に）働くからにほかならない。

こうなってくると、外的な成功・失敗や他人の評価というものに一喜一憂することもなくなる。自信のある料理人は、自分で満足のいく料理がお客に気に入らなかったとしても、それは料理そのものがわるかったのではなくて、お客のほうがこれを楽しむだけの舌をもっていなかった、と主張するかもしれない。芸術家の創作の場合なども、彼が生きていたあいだは受け入れられず、死んでからはじめてその真価が認められる、などということが珍しくない。しかし、だから「受け入れられるものをつくろう」とはしないことのほうが多いのである。スポーツマンが、自分の体力や技能を使いつくしたときに経験する満足感というのも、勝敗やタイムから得られる以上のものであろう。

もちろん、スキーマはさまざまな経験を取り入れて変っていくものであるから、これらの人々が独善的だというわけではない。スキーマは、間接的には人々の評価を受け取って変化していくのである。

しかし、熟達者のあいだでは、自分の行動やそれがもたらした所産に対する評価は、なによりもまずスキーマによって行なわれるのであり、その意味で、彼にとって最も意味のある評価は、スキーマによって内的に与えられるものだ、といわなくてはならない。こうなってくると、彼の行動には以前に見られなかったような正しさの確信と自律性がうかがえるようになってくる。

同時に、自分で力がついてきた、という内的な感覚と満足が、スキーマから得られるようにもなってくる。これこそがまさに大きな効力感の源になっていることが少なくないであろう。一方では、本人がいかに多くの努力と時間を費してきたか、いかにこの分野の活動に自分が関与してきたかをよく知っており、しかもその力がついてきたという感覚が、自分の内部から得られるとすれば、これはまさに自分の努力によって自分自身を好ましい方向に変えたという満足につながりやすいものだからである。

ただし、スキーマが内的満足の源として十分働かない場合も考えられる。人がもっぱら他人の判断によってもたらされる外的成功のみをめざしており、活動や熟達をそのための手段としてしかとらえないときには、スキーマに照らしての自己評価は意味のないものになってしまう。外的な成功・失敗が自己評価とくいちがうたびに、スキーマによる評価への「不信」はいっそう強められる。これが繰り返されると、スキーマは評価機能を失うばかりか、それ自体がゆがめられてしまうことさえ生じるだろう。

世俗的な成功である「人気」と、スキーマに照らしての内的評価を満たす「芸」との葛藤というのが、芸能界のスターの話によく出てくるが、外的成功と内的満足の追求とが相容れない場合は、私たちの周囲でも数多くみられよう（この点は第9章で再論したい）。

熟達は粘り強さによる

誰でもがある分野の熟達者になれるはずだ、と心理学者は想定している。もちろんこれは、演奏だけで飯が食えるプロのピアニストに誰もがなれるという意味ではないし、プロ野球の選手になって活躍できる人数が限られていることも事実である。しかし、自分の行動やその結果が自分なりの内的な枠組から評価できるようなスキーマを発達させることができるという意味においてなら、誰もが熟達者になれるのである。

もちろん、熟達者になるためには多くの努力が必要である。私たちはなかば冗談めかして、さまざまな分野で一人の人間が熟達者になるためにはどれほどの時間がかかるかということをよく話しあう。心理学的な常識からすると、熟達に至るまでには五百時間、千五百時間、五千ないし一万時間といった三つの壁があるように思われる（もちろん、この数字は大ざっぱな目安にすぎない）。最初の五百時間は初心者の段階である。英会話でも、五百時間習ったところでやっと初心者卒業ということであろうし、生け花も初心者の域を抜け出るには、五百時間はやらなくてはダメだといわれる。千五百時間やると素人ではかなりうまいほうになる。ピアノを千五百時間弾いた人は、素人としてなら人前で弾くことができるかもしれない。英会話も千五百時間を越すころから急に上手になっていく人が多い。しかし、本当の意味で熟達者になる、つまり、内的な評価の枠組ができあがるためには、少なくとも五千ないし一万時間が必要だといわれている。

このことはとてもおもしろい意味をもっている。つまり、一芸に秀でようと思ったら、そのために、五千ないし一万時間を使わなければならない。初心者を卒業する程度でいいと思えば、この時間内に十ないし二十もの分野でそれが可能だということである。逆にいうと、熟達者になるためには、きわめて多くのものを犠牲にしなければならないことになる。その反面、ひとつの分野に五千ないし一万時間の時間と努力を注ぎこめば、まずまちがいなく熟達者になることができる。

このためには、通常、粘り強さと自発性の両方が必要とされる。例外として、生活上の必要や周囲のすすめから、五千時間くらいも練習してしまい、熟達者になり、そのあとで自分でもおもしろくなって続けるというような例もあるようだ。しかし、普通の場合には、それが自発的にはじめられ、しかも粘り強くなければ、熟達者にはなれない。逆にいえば、この二つの条件が満たされれば、誰でもがたいていの分野で熟達者になれるだろう。

熟達と自我機能

その分野に対して関与し、努力と時間を費せば誰でもが熟達者になれるとすれば、一人一人が熟達可能な多くの分野をもっていることになる。では、いかなる分野での熟達が、本人にとって「価値のある」「好ましい」ものなのであろうか。いいかえると、効力感をもたらしうるのだろうか。

この問いは、今の心理学では、とても十分に答えられない。しかし筆者たちは、ひとまず次のように考えている。

一般に事物に働きかけ、他者と交流しつつ人生を送っていく過程で、人々は自分自身の存在の意味についての問いを発し、そしてそれに答えていくと考えられる。真木悠介(まきゆうすけ)[*7]の表現を使えば、その過程で人々の実存的な欲求があらわれるともいえよう。真木があげているように、人々の実存的な要求の様相が創造と愛と自己統合の三つであるとすれば、これをもたらすような熟達の過程こそ、その人にとって最も好ましいということになる。

創造により自分を価値ある存在として確認しうる根拠は、結局のところ、自分なりのものをつくりあげているという満足感である。職人気質の場合、このような満足感が実現される可能性が大きいことはすでに述べた。また、科学や芸術やスポーツなどの場合にも、自分なりのものをつくりあげていくという満足がもたらされることが多いであろう。これは決して、その所産が経済的に自分に帰属しているという意味ではない。自分の活動やその所産は、自分の創造したものだ、という感じがもてれば、この第一の欲求は充足されよう。

第二に、愛による自己実現とは、最も広い意味では、他者との暖かい交流、人の役に立ちうるという満足にもとづくものであろうから、自分の熟達が他の人々にとってなんらかの肯定的意味をもっている、という感じがもてれば、この欲求の充足のために好ましい熟達の分野だということができる。「他の人々」と一口にいっても、近所のお得意さんだったり、人類一般だったり、その内容はさまざまありうるだろう。もちろん、ここでは愛は賞賛や感謝と同義ではない。それは、創造がそれがもたらす経済的報酬と同義でないのと同様である。

第三に自己統合とは、自分が自分らしくあること、といいかえることができよう。何が自己統合につながるかを判断することはむずかしい。本人の好みや価値づけが手がかりにはなるだろうが、これとて絶対的なものではないからだ。

しかし、歴史上のさまざまな人物のうち、よく自己実現化を果していたと思われる人々の伝記を分析したマスロウは、彼らが共通点をもちながらも、他者からはっきり区別されるユニークな個性の持主であったことを指摘している。つまり、顕著な「その人らしさ」が彼らの達成のなかににじみ出ているのだ。熟達が本人の生活意欲や成長とどう結びつくかを観察することによって、それが自己統合につながるものか否かを判断することも、ある程度可能だろう。自己統合の基準があいまいだからといって、この概念自体を拒否してしまうのでは、人間の効力感の理解は深まらないと思う。

ついでにいえば、自律性の感覚が効力感の形成の条件になるというのも、他者との暖かい交流が効力感を増幅させるというのも、実存的要求の充足と関連していると考えることができる。他者との暖かいやりとりが、共感や連帯を含む「愛」の側面と対応していることは容易にうなずけよう。また、自律性感覚が、「○○からの自由」以上の積極的な価値をもつのは、自分が「自分自身のあるべき姿」に近づいていること、すなわち自己統合に向かっていると感じられるからではあるまいか。そうだとすれば、効力感の問題を人間の実存的要求との関連でみていくことが、今後ますます必要になっていくかもしれない。

第7章　効力感を育てるには

応答性で無力感を防ぐ

ここで少し話をかえて、効力感を伸ばすにはどうしたらよいかを考えてみよう。本章ではとくに、効力感を伸ばす家庭教育のあり方について、二、三の示唆を試みたい。

家庭教育でまず考えるべきは、無力感を獲得させないということであろう。もちろんすでにみてきたように、これだけでは効力感を伸ばしていくのに十分な条件とはいえない。無力感をもちがちな経験をいくら減らしたところで、安心感は増しても、効力感の形成にまでは至らないことが多い。しかし、そうはいっても、幼少期に無力感がひとたび形成されてしまうと効力感を伸ばすうえにも大きな障害となる。いくら人間が行動変容の可塑性をおとなに至るまでもちつづけるものだとしても、無力感から回復させるには、大きな努力を必要とすることは確かである。

それでは無力感におちいることを避けるにはどうしたらよいか。まず考えられるのは、セリグマンの実験と類似した、いわば古典的な無力感をひきおこす経験を減らしていくことである。第2章でみたように、子どもが身体的不快や生理的欠乏を訴えたら、おとなが応答してやればよい。応答性は、単に無力感におちいるのを防ぐばかりでなく、子どもが自分の働きかけによって、環境のなかに好ましい変化を作り出したという自信を形成するのにも役立つ。したがって、効力感を伸ばすという意味では、二重に都合がよいことになる。

ここで、「よい」応答をするためには、二つの側面に注意すべきことを指摘しておきたい。ひとつは、タイミングの問題である。子どもの示すさまざまな信号を敏感にキャッチし、すばやく反応を返すことができなくてはならない。とくに、記憶の持続する範囲の未熟な発達の初期では、このことは重要である。

応答でもうひとつ大事な側面は、子どもの期待する仕方で反応を返すことである。おなかがすいているときお乳をのませる、などというのは自明だが、いつもそう簡単とは限らない。一例をあげよう。赤ん坊は、一般に抱かれるのが好きである。泣いているときに、泣きやませる最も効果的な方法は、抱きあげることだという報告もあるくらいだ。しかし、赤ん坊のなかには、抱かれるのを好まない者がいることも事実である。とくに活動水準の高い子どもには、その傾向がある。このような場合、抱くのとは別の仕方の応答が必要になろう。広い場所を自由に動きまわらせるとか、乳母車（うばぐるま）で外につれだす、とかいったように。したがって、子どもの好む反応様式での「応答」ができるよう心がけることが必要である。

おとなが子どもの働きかけに対して応答するさいに注意すべきことが、もうひとつある。それは、子どもに対する応答は、丁寧すぎないようにするべきだ、ということである。このことは、とくに幼児期以降ことばの発達してきた段階で、子どもが課題達成の援助を求めたさいに重要になってくる。もちろん、子どもの働きかけを無視したり、適当にごまかしてその場をやりすごしてしまうのは好ましくない。しかし、はじめからあまりに完全な解決策を与えてしまうのも考えものだ。むしろ、ヒントや方向づけといった応答の仕方をまず心がけるべきだろう。子どもが自分のもっている能力を総動員し、その結果「わかった!!」「やりとげた!!」と思える体験を与えられるようにするべきである。「教えすぎ」はこの体験をうばうことにもなりかねない。親が「教育熱心」だと、ついこの条件をやぶりがちになることを銘記しておくべきだ。この意味で、まわりのおとなは、できるだけ、助言者や共感者という役割に徹するのがよさそうである。

親の一言でガックリ

日本の場合には、住宅事情からいっても、また母子がたえず相互交渉しているのが伝統だったという事情からも、子どもの反応に対する応答性は比較的高いといえる。その意味では、応答性の重要性を強調する必要は少ないかもしれない。

むしろ日本の場合に、子どもを無力感におちいらせないための親の配慮で注意すべきなのは、子どもの失敗やちょっとした誤りに対して不適切な否定的な表現をとらない、ということだろう。この失敗を過度に一般化し、しかもそれを子どもの能力不足のせいにするような叱り方は、第3章でもみたように、無力感へと導きやすい。たとえば、「○○ちゃんはグズね」とか、「なにやってもおそいのね」とか、「おねえちゃんはあんなによくできるのに、あなたはどうしてだめなんでしょうね」などというのは、子どもにとって致命的な一撃になりかねない。

こういう発言の背後には、母親の欲求不満がある場合も考えられる。四六時中子どもといるとだんだん疲れてきて、子どものためになぜこんなにふりまわされなければならないのかと腹立たしくなってくる。そうすると、子どもに報復してやろうなどとは思わなくても、なんとなく攻撃的衝動を子どもに向けてしまうことになる。

しかし、もっと一般的なのは、親がいわば一種の親しみの表現として、こうした「悪口」を子どもにいう場合であろう。日本の伝統文化のなかでは、身内同士はほめたりしないことが多い。親子のあいだも、距離が近ければ近いほど、くさしたり、からかったりするということになりやすい。もちろん、このさい、子どもの側がそうした雰囲気を十分に感じとっているかぎりは、とくに悪影響はないかもしれない。しかし、子どもが潜在的にせよ自分の能力に不安をもっていたり、劣等感をすでに発達させている場合には、親の何気ない一言がぐさりとつきささるように感じることがあろう。その意味で、親は批評するさいには、注意深くなければならない。

もっと微妙なのは、親が直接ことばに出して批評しなくても、子どもの失敗に対して親の示す感情がある種の原因帰属を伝達する、ということである。この点で、第3章でもふれたカリフォルニア大学のウェイナーの最近の研究が興味深い。彼の以前の研究によれば、失敗したとき、能力がある人はそれだけ厳しく罰を受ける傾向がある。ところが努力したことがわかっているときは比較的罰が軽くてすむ。つまり、私たちは、能力のある人が失敗したとき、能力があるのになぜやらなかったのかと責める。努力したのがわかっている場合、努力しても失敗したのだから仕方がないと思う、ということだ。

彼の最近の研究はそれをさらに発展させたものである。つまり、失敗したとき相手がおこると、これは自分の努力がたりなくて失敗したせいだと考える。ところが、相手が自分の失敗を受け入れたり、それに同情したりすると、その原因を自分の能力不足のせいにすることが多くなる、という結果を報告しているのだ。

多くの親は、子どもができなかったとき、「あなたは能力が低いから仕方がないね」とか、「あなたはどうせダメなんだからいいじゃないの」などとは、まずいわないだろう。しかし、それと同じ内容のことを感情によって伝えていることがありうるわけである。

子どもが努力すればできると思ったときには、ためらわず、「あなたの力なら、努力すればもっとよい成績があげられるはずだ」と伝えるほうがよいことになる。それによって、子どもは親が自分の能力を低く評価しているのではないことを知り、また、一般には、親の評価は子ども自身の評価より正しい場合が多いと思われているので、「努力すればできるのだな」と思うようになるかもしれない。

そうはいっても、失敗したとき叱るのに危険が伴うことは、銘記されるべきだろう。親の叱責がはげましになるのは、子どもが、自分もがんばればなんとかなるという気持を潜在的にもっているときに限られる。親はいつも過大評価すると子どもに思わせると、子どもはそれに対する反発から、自分のダメさかげんを強調するようになるかもしれない。つまり、子どもは親の罰から逃れるために、必要以上に自分の能力不足を親に向かって強調しはじめるかもしれないのだ。実際、親はともすると、子どもに対する過大な期待をもつから、この点を肝に銘じておかないと、子どもの失敗に対する「叱責」が、このように逆効果になる場合もあるだろう。

ウェイナーの研究から教育的示唆をひきだすについては、もうひとつ、注意しておくことがある。それは、この研究結果自体、アメリカのいわゆる「能力主義」的な文化の影響を強く受けている、ということだ。親を含めて他者が自分の能力をどう評価しているかにたえず敏感になること自体、能力主義に毒されているというべきで、好ましい雰囲気とはいいがたい。ただ、親が子どもの成長を心から喜ぶような雰囲気があり、親の批評が、失敗に対して子どもが行なう自己評価を助ける情報のひとつとして与えられるのであれば、弊害は少ないであろう。

生活のなかの熟達の機会

子どもの発達に関心を払っている親なら、以上みてきたような、子どもを無力感におちいらせる経験を避けることはむずかしくない。しかし、それだけでは効力感を伸ばすのに十分でないことは、再三述べてきたとおりである。効力感は、ただ自分の努力によって好ましい変化をひきおこすことができた、というだけでは伸びていくものではない。これこそ自分のしたいことだと思える活動や達成を選び、そこでの自己向上が実感されて、はじめて真の効力感は獲得されるからだ。これに対して親は、いったいどんな手助けができるだろうか。じつはこれもそんなにむずかしいこととは思えない。ホワイトが正しく指摘したように、高等動物は本来、環境に能動的に働きかけ、みずからの有能さを伸ばそうとする傾向をもつ。管理社会から自由で、また無気力に汚染されていない子どもでは、この傾向はおおいにあてにできるからである。

自然な生活のなかで、子どもはきわめて多くの望ましい特性を発達させていく。効力感を伸ばすというと、何か特別なことをしなければならないかのように思うかもしれないが、じつは子どもの生活のなかには効力感を伸ばすのにかっこうの題材がたえずころがっているのである。

熟達を例にとってみよう。熟達をとおして子どもは自分の努力の意味を知り、そしてまた、その努力を自分にとって意味のある分野に向けることを学んでいくだろう。しかし、生活のなかでの熟達は、決して訓練という形をとらない。子どもの側が興味をもって取り組みたがるさまざまな熟達の機会があるのだ。

たとえば、子どもが「自転車に乗りたい」といいだしたとしよう。親はまず、「三輪車にしなさい」というだろう。ところが、三輪車でしばらく満足していた子どもが、そのうちどうしても自転車にしたいといいだすようになる。「自転車でないとスピードがでない」「自転車でなければ友だちと一緒に走れない」などということもあるだろう。しかし、最大の理由は、三輪車は安全すぎ、やさしすぎるのでつまらない、ということである。自転車を要求する子どもに押されて、親は転倒することをおそれながらも、補助輪をつけるという条件でしぶしぶこれを認める。子どもはしばらく補助輪をつけて自転車に乗っているが、そのうちに必ず、補助輪をはずせといってくる。その理由は、ただみっともない、ということではない。むしろ、補助輪があったのでは、やさしすぎてつまらない、ということである。このように、子どもの技能が繰り返しによって進歩していくと、子どもは、いわば、内発的によりむずかしい課題に興味をもつようになる。条件さえととのえれば、あとは放っておいても熟達するものだ、とさえいえるかもしれない。気をつけなければならないのは、親がむしろこれにブレーキをかける役をしてしまいがちなことだ。

もうひとつ重要なのは、子どもの生活のなかには、さまざまな熟達のお手本があるということだ。二本足で歩くといった単純なことでさえ、お手本がなければ、やってみようとする気にもならなかったかもしれない。狼に育てられて大きくなった子どもが二本足で歩行しなかった、というのは有名な話である。

お手本がなかったとしたら、親は子どもに教えること、訓練することで毎日を忙しくすごさざるをえないだろう。ところが、子どもが自然に暮しているなかで、彼らはさまざまな熟達のお手本に出会い、そのなかから自分の発達の水準と生活の必要性からいって適切と考えられる課題を、みずから選びとっていくのである。

お手本が大切だからといって、親のほうがお手本を押しつけようとしてもうまくいかないことが多い。「親の困ったくせだけはまねをするのに」と子どもの行動に苦笑させられることも少なくない。とくに、「お兄ちゃんをみならって」とか、「となりの○○ちゃんは、いい子だから」といって親がお手本を押しつけることは避けたほうがよい。お手本を選ぶ権利は、あくまでも子どもの側にある。つまり、子どもが発達していくなかで、「今、これをやりたい」という網の目にひっかかったものだけが、本当に意味のあるお手本になるのである。

賞罰を減らす配慮を

親が注意すべきことといえば、何よりもまず、賞罰によって子どもの行動をコントロールしすぎないということであろう。もちろん、効力感を伸ばすという以外の目的のために、賞罰にたよらざるをえない場面があることは確かだ。しかし、そうだからといって、すべてのしつけや教育を賞罰にたよって押しとおそうとすると、効力感を伸ばすことはまず無理になる。できるだけ子どもの探索や発見を奨励し、子どもなりの知識の体系や価値観が形成され、さらにそれが自覚化されていくのを期待するようにすべきだろう。親の関わり方は、子どもが次にやるべきことを指示したり、賞(ほ)めたり叱ったりといった形ではなく、むしろ子どもの活動や自己向上が促進されるように環境条件をととのえてやるとともに、子どもの内部にある知識や価値基準を明瞭化し、それが子どもの行動を導くものになる（つまり、メタ認知が発達する）のを助けるという形で行なわれるべきだろう。

この具体的なすすめ方については、本書の範囲をこえるものなので、ここでは立ち入らないが、ポイントは二つある。ひとつは、子どもの行動へのフィードバックが、なるべく「権威ある」おとなからでなく、ほかの情報源から与えられるようにすることである。いくら子どもなりの知識の体系や価値観の形成を期待するといっても、それが唯我独尊であっては困る。現実に適合しない知識では仕方がないし、ひとりよがりの強固な信念ではまわりの者に迷惑をかけるばかりだ。その意味で、子どもには自分の考えの正しさや適切さをテストできる場が与えられなければならない。

知識の場合だったら、実験や観察によって実際に確かめさせることがよいフィードバックを与えてくれる。同時に、子ども同士の意見交換も重要だろう。その過程で、子どもたちはいろいろな考え方を吟味し、納得のいく考え方を自分で採用していくようになる。その意味で、友だちづきあいを奨励することを、親として心がける必要がある。そのうえでおとなが意見をいうようにすべきだろう。こうすれば子どもはおとなの意見をも同じく批判的に受け取るだろう。はじめからおとなの考え方を与えてしまうのは、意図はどうあれ押しつけに終りやすいことは銘記されるべきである。

価値観の場合には、事物からの直接のフィードバックはむずかしいが、やはり子ども同士のやりとりが重要になろう。立場を実際に交換してみることも、相対主義的な見方を育成するのに役立つ。これに対して、はじめからおとなの判断に従うように求められると、直接のフィードバックがないだけに、よけい強制の色彩が濃くなってしまう。もちろん、子どもがかなりの主体性を確立してからなら、おとなの世代の見解を主張し、「対決」をいどむのも決してわるくない。

前にも述べたように、どんな場合にもおとなからの賞罰という形でのフィードバックを避ける、というのは不可能だ。ただ、おとなが無意識のうちにも子どもに大きな影響を与えている（たとえば、「同一視」ということばで呼ばれるように）ことを考慮すれば、おとなとしては、できるだけ賞罰を減らす配慮をすることが、なにより重要であろう。

第二のポイントは、子どものイニシャティブあるいは自己選択の尊重ということである。これは自己統合にとって不可欠だ、というばかりではない。子どもが将来、自分の人生を生きていくべきものである以上、どうしても発達の過程で自己選択の能力を伸ばしておく必要がある。

親がなんでも面倒をみてやり、子どもは何も自分で決める必要がないというのは、このためにはどうみても好ましくない。日本の文化のなかでは、自分の意思をはっきりいわないのがよくて、あれこれ注文をつけるのははしたない、とする傾向が強いが、これはなんとか改めたいものである。実際には食物への好き嫌いがあるにもかかわらず、食事に誘われて「なんでもけっこうです」と答えるのは美徳とはいえない。これは、小さいころから何事も「おまかせ」し、既存の枠組に従ってきた名残りではないだろうか。

子どもの内的基準を大切に

効力感を伸ばす、というのは、最終的には、子どもが自分なりの選択基準、評価基準を自分のなかにつくりあげることなしには、不可能だ。このために、親が賞罰によって子どもをコントロールするのを減らすだけでなく、もっと積極的にできることがないだろうか。

ひとつ重要だと思うのは、子どもの内的な感覚を受けとめ、これを大切にする、という態度だろう。私たちの生活している現代の社会では、形にあらわれたもの、それも数値であらわされたものだけが信用され、そうでない「主観的」評価はうとんじられる。私たちは、しばしば、「体がだるいけれど、体温計で測ったかぎりでは三六度六分だから、風邪をひいたわけではあるまい」とか、「きのうの地震は、ずいぶんゆれたと思ったけど、震度2だから軽かった」などといった会話をかわすばかりでなく、本当にそう信じこんでいる。これが子どもと接するときにも、いやおうなしに出てくるのだ。それで、点数や評点で子どもの能力や努力を評価することになりやすい。これを改めて、子どもがどう感じ、どう思っているかに、「つきあって」みたらどうであろうか。

ジョギングのような運動は、しばらく続けてやっているうちに、ある日、体が軽くなって、いくらでも走れそうな気がする。これは、内的な満足をもたらすもので、タイムがどうなったという、外的な基準による評価とは質がちがう。絵を描いたり、写真をとっても、自分なりにこれは傑作だ、というものができることがあり、そのときにはやはり内的な満足がある。これも、入選したとか、賞をもらった、というのとはちがうのである。子どもなりにそういう感じをもったときに、親が素直に喜び、共感してやることができれば、これは長い目で見たときに、効力感を伸ばしていくことになるだろう。子ども自身、はじめから内的な評価に確信をもっているわけではないから、親にその客観性の欠如をつかれると、抵抗できない。この点で、熟達者のスキーマにもとづく内的評価とはちがうのである。勉強の場合でも、本人が「ずいぶんやった、力がついてきた」と感じているときに、「でも成績があがらないじゃない」とやられたら、ペシャンコになってしまうだろう。これでは、自律性の感覚も、暖かい共感も、熟達に伴う充実感も湧いてこない。

子どもなりの内的な基準をつくるうえで、親としてもうひとつ大事なのは、子どものなすべき活動を決めるさいに、できるかぎり「参加」させる、ということであろう。魅力ある選択肢のあいだでの「自己選択」が自律性の感覚を増大させることは、すでに第4章で述べたが、これがひいては子どもの内的基準の形成にもつながると思う。

もちろん、子どもに一人で決めさせるわけにいかないことはたくさんある。放任しておくのが最善だ、という場面はむしろ少ないだろう。おもちゃを買うにせよ、おけいこごとに通うにせよ、親の立場（たとえば、いくらお金がかかるか）を考えさせることも必要だろうし、子どもに、自分の最初の思いつきや好みが、どれほど確固としたものか内省させることも重要である。

しかし、子どもの思いつきや好みを十分聞いてやり、そのとおりにできないときは理由を納得するまで説明する、といったことはできるだろう。まして、子どもの発言に非難をあびせることは必要ないはずである。

第8章　効力感を伸ばす学校教育

個人内進歩の評価

生活時間のかなりの部分を占める学校生活、ここで子どもが生き生きと意欲的にすごせるかどうかは、子どもの現在と未来にとって重大な問題である。「学校は楽しいところだ」「一生懸命やると、それだけ自分でも力がついたと思える。勉強するのはおもしろい」――こんな発言が、子どもからたびたび出てくるようであってほしい。それにはどのようにしたらよいだろうか。本章ではこの問題を考えてみよう。

学校も家庭と同じく、生活の場という側面をもつ。この側面に関するかぎりは、子どもの年齢によって多少のちがいはあろうが、効力感を育てるうえでおとなが配慮すべきことは前章で述べたのと基本的には同じだと考えられる。管理の強化によって「よい子づくり」をめざしたりしたのでは、効力感が育つとは思われない。

学校のもつ、もうひとつの主要な側面、つまり、学習や知的発達を促す、ということに関してはどうだろうか。ここでまず第一に考えられることは、評価の仕方を工夫することであろう。

現在の学校教育では、生徒の成績に対して教師が優劣の評価を下すことがつきものになっている。しかし、すでに第4章でみたように、このやり方は、子どもが主体的に学習に取り組む姿勢を妨げる。よい評価を得ることに重きをおくため、むずかしいものに挑戦して熟達していく楽しさのほうを放棄してしまうのである。

第4章で何回も名前の出てきた社会心理学者のディシは、評価には二つの側面があることを指摘している。ひとつは、人を統制するという側面である。そしてもうひとつが、そこでとった行動が良かったか、悪かったかの情報を与えるという面である。教師による評価が、効力感を妨げるのは、ひとつには、前者の側面が強くなりすぎるからである。評価にさいしては、もっと後者の側面を重視した形が工夫されるべきだろう。自分の活動のどこが良く、どこが悪いのか、どこをどう改善すればよいのかがわかるようにすることは、情報的側面の強い評価といえる。たとえば、「くり下がりのある引算ができるようになった」「不規則動詞の変化をときどきまちがえることがある」——このような情報にとむ評価なら具合がよい。

さらに、効力感を育てるという観点からみて好ましいのは、生じた結果が自分の努力のせいだと思えるような評価であろう。自分の進歩のあとが自分でわかるような評価のやり方とでもいおうか。学習前の状態と比較する、学習開始初期の状態と比較する……等々。ある学校では、陸上競技のさい、この方式を用いてみた。生徒たちに、過去の自己最高記録と競争させたのである。これは、生徒たちからとても喜ばれた。そして驚くほど粘り強く努力する傾向が生徒のあいだにみられるようになった、といわれている。自分の努力の手ごたえを実感できることが、こうした反応を生みだしたのであろう。

また、ある目標に照らして、自分がどこまで達成したかがわかるように評価することも、自分の進歩を実感しやすいといえよう。いわゆる到達度評価は、すべての子どもが獲得すべき知識や技能に限定して行なわれるなら、この点からみて興味深い。ただし、目標を達成するのが、他の人にくらべて速いか遅いかが問題にされるようになっては、こうした利点はなくなることに注意したい。

これに対して、相対評価は、効力感の育成という点から、ことに具合がわるい。現在、大部分の学校では、五段階の相対評価が用いられている。また、偏差値という形での相対評価が進路の決定に大きな役割を果しているのも実状である。しかし、これは、効力感を伸ばすどころか無力感を育成してしまうおそれがある。相対評価は、つねに他人との比較のうえでなされる。どんなに自分が進歩しても、他人がそれ以上であれば、評価のうえには何のプラスの変化も出てこない。これでは第3章でみたような失敗の連続による無力感をわざわざつくり出しているも同然だ。1〜5の五段階のそれぞれに割り当てられる人数の比率が、学級内であらかじめ決まっていることさえある。となれば、必然的に他人との競争が奨励されることになろう。よい評価を得るためには、他人を負かさなければならない。遠山啓(ひらく)は、これを「競争原理にもとづく序列主義」の支配と形容している。

競争が強調される文脈が、いかに無力感を生む素地をつくりやすいかは、すでに第5章でみてきたとおりである。自分が他人とくらべて「頭がよいかどうか」をたえず気にしている状態は、効力感が育つ条件とはほど遠い。

筆者らの実験によっても、集団規準が強調される相対評価のもとでは、規準以下の子どもたちが、粘り強く課題に取り組もうとする意欲を失う危険性のあることが、示唆されている。努力しても集団規準に到達できないという経験を繰り返すと、課題への取り組み方が粗雑になるのである。ただ速く答えを出しさえすればよい、この解法が正しいかどうかを吟味することは二の次だ、という傾向が著しくなる。まして、問題を解くのを楽しむどころではない。

自己の有能さを発見させる

効力感を育てるには、自分の熟達が自分で実感できる課題と取り組む経験が必要である。前節で述べた評価の改革は、こうした経験がもてるためのいわば土俵作りにすぎない。そのなかで意味のある熟達が実感できるのでなければ、「仏作って魂入れず」になってしまう。では、熟達の実感は、どんなときに得られるだろうか。今まで理解できていなかったことが理解できたときや、少しむずかしそうだったが、やってみたらなんとかできたという場合は、そうした実感の得られる一例といえよう。

子どもにとって、今までわからなかったことがわかったときの感動がいかに大きなものであるかを、算数の苦手な子どもが集まった「塾」で教えた経験のある斎藤次郎は興味深く語っている。ある子どもは、教師である斎藤の説明している最中に、突然「わかった!」と叫んだ。それは、まわりの者がびっくりするほど大きな声だったという。そしてその日のはしゃぎようは大変なもので、「今おこった恥ずかしいほどの感動をもてあましているみたいだった」と、斎藤はその著書(『子どもを見直す』中公新書)のなかで記している。

「落ちこぼれ」をなくそうという努力で知られる篠ノ井(しののい)旭(あさひ)高校での実践報告にこんなのがある(若林繁太『教育は死なず』労働旬報社)。各個人の達成度にあわせて、個別に宿題を課すようにした。すると、宿題をやってくる者がふえたのである。なかには、「もっと出してほしい」と要求する者も出てきたほどだ。一律に同じ宿題を出していたときには、どんなに罰を厳しくしても、宿題をサボる者があとをたたなかったことからみると、目ざましい変化である。「少しむずかしそうだったが、やってみたら自分にもできた」「自分は少しずつ進歩している」——このような実感が、学習への積極的な取り組みをもたらしたのであろう。

「自分にはとてもこんなことがわかるはずがない」「これをやるのは自分には無理だ」——自分に対する評価が不当に低く、こう思いこんでいる子どもや青年がいる。篠ノ井旭高校の生徒にこうした傾向をもつ者が多かっただろうことは想像にかたくない。このような場合に、今述べてきたような体験を与えることは、自分の能力を再発見させ、その正しい評価（心理学の用語を使うと、自分の能力についての正しいメタ認知）を発達させることにもつながっていくであろう。

以上の二つの例のどちらもが、時間的制約が弱く、学習者がマイ・ペースで取り組める場面での経験を扱っているのは、おそらく偶然ではあるまい。一般に、短い時間ですぐ反応すべき場面では、誰でも、いつもやって習慣化している答え方をしがちである。「意味はよくわからなくても、答さえ出せればよい」とか、むずかしそうなら「わかりません」といってしまうとかいうことも、しばしば生ずる。これに対して、じっくり取り組む時間的・心理的余裕があると、課題についても、また自分自身についても、新しい面を発見することが容易になるだろう。

知識の伝達を効率化すること自体はよいとしても、それが最大の目標になってしまうと、問題を解くおもしろさも、自分の能力についての正確なメタ認知も、また効力感も、発達しにくいと考えるべきだろう。

仲間同士の教えあい

第5章において、効力感の源泉として仲間との暖かいやりとりの重要性を述べた。授業の場は、決して教師から一方的に知識を教授されることに限られない。同じような年齢の子どもの集まっている場として、互いに影響を及ぼしあい、成長する場でもある。そこでこの仲間同士のやりとりを通じて、効力感の育成をはかることも大切になってこよう。

好ましいのは、友だち同士教えあう機会を多くもたせることである。それぞれの生徒が、自分の得意な分野で、先生役になる。そして交替に友だちを教えるのは、そのひとつのやり方であろう。算数の得意なものは算数で、体育の得意な者は体育で……という具合にである。

アメリカで最近行なわれている、異年齢間の教えあいも、ひとつの形として考えてみる価値があろう。すでに日本でも、幼児教育の分野では、「タテわり保育」という形で、異年齢間の交流を積極的に取り入れるところがふえてきている。小学校以上でも、たとえば、「ゆとりの時間」などにこのやり方を取り入れてみてはどうだろうか。

第5章でもみたように、このような教えあいの経験は、とくに教える側の子どもの効力感の形成に寄与することが多い。仲間にうまく教えることができ、相手がとても喜んだ、自分のした忠告で相手もできるようになった――こうした体験が、効力感を伸ばすのに大きな役割を果すからである。この点から考えると、できる子どもができない子どもの犠牲になるから、という理由から能力別編成に向かうのはおかしい、といわねばならない。仲間とのやりとりをとおして、効力感を育成する機会を奪うことにもなりかねない。公教育の場面では、多様な能力をもった子ども同士が影響を与えあう機会を大切にするべきだろう。

健常児と障害児の相互交渉は、この点からも、もっと考えてみるべきではないだろうか。「障害に応じた教育」という形で、健常児との交流を断つことが、障害児にとっても果して本当によいことなのであろうか。少なくとも原則的には、すでにアメリカで行なわれつつあるように、障害をもった子どもたちも普通学級に所属し、そのほうが本人の全体的発達のためによりよいと納得できる場合に限って特別の授業を受けるというのが好ましい、と筆者たちは考える。こうした統合教育の試みは、子どもたちにさまざまな効果をもちうるであろうが、効力感の育成という点からは、これまでの証拠から判断すれば、少なくとも健常児の側にプラスの効果が期待される。

もちろん、健常児と障害児をただ一緒にさせればそれですむというものではない。両者のあいだに友好的なやりとりが行なわれるような、教師の助言や働きかけが、必要であろう。健常児と障害児を同じ場所で遊ばせただけでは、両者のあいだに交流がおこらなかったという報告もアメリカにあるくらいだから。そこでは、教師の適切な働きかけがあってはじめて、両者のあいだで一緒に遊ぶようになったのである。

集団間の競争

仲間同士のやりとりを通じて効力感を伸ばす別の方法は、集団間の競争を利用することである。個人間の競争が、効力感の形成にとっていかに妨害的なものであるかは、これまでたびたび述べてきた。しかし、集団同士の競争は、個人間の競争にくらべ、勝負に拘泥しないですむことが多い。しかも、集団内部での子どもたち同士の教えあいが活発になる点で具合がよく、教育現場でも使われることが多くなってきた。

その一例は、篠ノ井旭高校の実践報告のなかにもみられる。漢字を楽しく覚えさせようとして、学級集団間での競争を行なわせた。その結果、学級集団のメンバー同士の結びつきが緊密になり、集団内でお互いに教えあうことが活発に行なわれるようになったといわれる。

集団の平均点をあげるには、集団の成員全員が進歩しなければならないからである。教えあいの過程では、教える側が、仲間の役に立とうとがんばるだけではない。教えられる側も、「クラスの平均点を下げて仲間に迷惑をかけては申し訳ない」として、一生懸命になるのだそうだ。

デチャームは、スラム街の子どもの向上心を高めようとして、集団間の競争を利用している。そこで、努力すれば自分の力が伸びる、そして同時にそれが仲間のためにも役立つという経験を子どもたちに与えようとしたのである。

アメリカの学校では、単語の綴りを子どもにいかに習得させるかが重要な課題になっている。二つのチームに分かれての綴りコンテストも古くからよく行なわれてきた。しかし、単なるコンテストでは、綴りの不得意な者にとっては勝つ見込みが少なく、チームに貢献できる余地もほとんどない。そこで、デチャームはこのコンテストを、こんなふうに改良した。

まず、コンテストの三日前に綴りのテストをし、それぞれの子どもがどの単語は正しく綴れ、どれは綴れないかを調べておく。この結果にもとづいて、それぞれの子どもごとに、むずかしさの水準が設定された。コンテストでは、「やさしい、中程度、むずかしい」の三段階の水準が示され、どれかひとつを選ぶように要求される。また、選んだむずかしさの水準に応じて、正答のさいの得点も異なることが知らされる。やさしい水準の単語は、事前テストですでにその子が正答できていたものである。コンテストで正答できれば一点が与えられた。中程度の水準は、事前テストでは誤答したもので、正答すれば二点の得点がもらえた。むずかしい水準の単語は、事前テストには出されなかったものである。コンテストで、これができれば三点が得られた。したがって、ここでは、綴りの不得意な者でも、勉強しさえすれば、必ず二点の得点を自分のチームのために稼ぐことができる。いいかえれば、この方法では、綴りの得意な者だけでなく、綴りの不得意な者もチームに寄与できるのである。

このやり方は子どもたちから大きな歓迎を受けた。そして同時に、自分の能力に見合った、中程度のむずかしさの目標を選ぶ傾向をも発達させたのである。やる気に乏しい子どもたちでは、全く達成不可能な目標を選ぶ――これは失敗しても自己の能力が低いことを意味しないから――か、全くやさしい目標を選ぶか、いずれかの傾向が典型的であったことからすると画期的なことだった。

確かに、集団間の競争は、集団内部での仲間同士のやりとりを活発にさせる。自分の行動が仲間のために役立ったという実感も得られやすい。その意味で、効力感の育成にも寄与するといえるだろう。

しかしながら、集団間の競争を教育的手段として利用するのには危険が伴うことも、銘記しておくべきである。集団の内部では、メンバー相互の好意度が増す。結びつきも強くなる。

しかし、集団外部の人への敵意や排斥もまた激しくなることがあるからだ。だが、それ以上に注意すべきことがある。それは、集団間の競争では、集団の凝集性が高まるがゆえに、少数者の自由意志が無視されるおそれがあることだ。一部の者が学習内容に疑問をもったとしても、集団競争の過程ではそれを拒否する自由がなくなってしまうことがおこりうる。したがって、このような方法は、教師と学習者のあいだで、学習目標が互いに納得できるものに対してのみ用いるようにすべきであろう。そうでないと、集団への奉仕という形で、学びたくない内容を押しつけられることにもなってしまう。これは、それとは意識せずに、他人に統制されることにもつながってきかねない。

篠ノ井旭高校の場合も、デチャームの場合も、学習目標が、漢字や単語の綴りというきわめて限定されたものだった。また、結果が、成績評価の対象ではなかった。この点、集団競争のもつ危険性への配慮が感じられる。

仮説実験授業

仮説実験授業は、板倉聖宣(きよのぶ)によって提唱されたもので、もともとは科学教育法のひとつである(板倉聖宣『仮説実験授業』仮説社)。科学上の基礎的・本質的概念に関わる問題が、予想選択肢を付した形で提示される。この問題をめぐって、集団による討論が奨励され、最後に実験によって予想の正否を決定する。いいかえれば、集団による討論とそれに続く実験によって、子どもたち自身が自分で知識を構成していくことに重点がおかれているといえる。この授業方式は、効力感の育成という点からみたとき、興味深いものがある。

まず第一の点は、ひとつの課題解決をめざして、集団による討論が重視されていることに関係する。第５章で述べたジョンソンたちの協同学習の一形態ということもできる。

討論の過程では、教師は司会者の役に徹している。そこで子どもは、思う存分発言でき、それがまた仲間とのやりとり（討論）を活発化させることにもなる。これは、子どもにとってとても楽しい体験らしい。「この学習がすきだ。みんなで自分の意見がどんどんいえるから。ふつうの勉強は、意見がいえないうちに先生がいってしまう」「自分の意見を思いきり他人にしらせてやることができておもしろかった」「自分の思ったことを（みんなに）教えることができるし、またみんなの意見も聞ける。こういうのがあって理科は楽しい」などと子どもたちはその楽しさを感想文に書いている。「だれかが代表して（意見を）いうとき、胸がドキドキして目玉がとび出しそうだ」「討論のときの話がおもしろくておもしろくて」と書いてくる子どももいる。

このようにして討論を行なうなかで、自分の発言が仲間の思考をはっきりさせるのに役立ったとか、自分のした反論が功を奏して仲間のなかに予想を変える者が出てきた、といった体験をもつことも多いだろう。これは効力感を育てることに寄与するだろう。同時に、討論の過程では、自分の熟達を実感し、自分の力に自信をもつようになることも多いだろう。討論において相手を説得しようとすれば、また相手の「攻撃」に反論しようとすれば、自分の知識を総動員しなければならないことが多いからだ。実際、ある子どもは、感想文にこう書いている。「討論によって自分の知識や意見を思いきりふりしぼることができる。それで自分に自信がついてくる」と。

効力感の育成という点から興味深い第二の点は、「科学上の基礎的・本質的概念」を子どもに身につけさせようとしていることに関係する。この概念によって事象の予測が可能になる。このこともまた効力感の育成に寄与するといえよう。実際、仮説実験授業を続けて受けていくうちに、筋道のたった予想を自分でもたてられることに喜びを感じるようになる子どもがふえてくるという報告がある。ある子どもは、「前は問題に対してどう考えていいかわからなかったが、今はもう予想のところを考えるのがうまくなった」と感想文でその喜びを綴っている。また別の子どもは、こうも書いている。「討論で原子を使って考えたりして、自分でもいろいろなことが発見できた。なにも教科書や参考書を見ないでやって発見したというのは、幼稚なようだけどうれしかった」と。もちろん、子どもがこのような「効力感」をもつようになるには、「授業書」の構成が一役かっている可能性はある。たえず以前に習得した知識を使うように配慮されているからだ。現在学校で使われているような、断片的、個別的な知識の習得をめざした教科書では、このような形の効力感は育成されないであろう。

オープン・スクール

第4章において、効力感を形成する条件のひとつとして自律性の感覚が重要である、と述べた。自分のしていることはほかならぬこの自分が選んだものであるという実感である。しかも、第6章から示唆されるように、真の効力感が形成されるためには、この自分の意志で選んだものが、自己実現化（自己統合）に役立つものだと感じられることが必要であろう。

では、学校教育の場において、こうした経験を与えるにはどうしたらよいだろうか。

従来の与えられる「授業」という枠を越え、もっと積極的に子どもの選択を学習過程のなかで認める試みを考えてみる必要があろう。時間割や狭い教科目の内容を子どもに「押しつける」のをやめてみるのである。オープン・スクールとかインフォーマル・エデュケーションといわれる試みは、まさにそうした例といえよう。

オープン・スクールとよばれるもののなかにもさまざまなタイプがある。しかし、そこに共通していることは、子どもに自己選択の自由を大幅に認めていることである。何を、いつ、どんなふうにして学習するかが、子どもの裁量にまかされていることが多い。しかも、子どもが選べる内容も、従来の狭い教科目のそれに限定されているわけではない。教科と課外活動を含めたような多様な内容のなかから、自分の好きなものを選べるのである。もちろん、いくつかの基礎的な科目については、誰もが最低限習得しておかなければならないノルマが決められている。しかし、それを除けば、他は子どもが自分で自分のしたいことを決定し、それを学べるのだ。これはまさに、狭義の自律性の感覚やそれを含めた自己実現化に寄与するといえよう。何が自分に本当に向いているのか、自分に意味のある熟達感をもたらしてくれる領域は何か――このような自己の適性や興味についてのメタ認知も、こうした自己選択の経験を通じて発達してくることが期待できよう。また、ここでは仲間同士のやりとりも活発化してくることから、仲間に影響を及ぼすことができるといった形の効力感の形成も促進されやすいといえる。

オープン・スクールを訪問した人の多くは、そこで子どもたちの全員が、生き生きと楽しそうに動いている様子にまず圧倒させられるという。この子どもたちを写真にとるには、普通のカメラではダメだ、録音のできるムービー・カメラをもってくるべきだった、という人もいるほどだ。自分の意志で、やりがいのある課題を選び、それに好きなように取り組めるとき、いかに人間が生き生きと活動するかをよく示しているといえよう。本章の冒頭で述べたように、「学校は楽しいところだ」「勉強するのはおもしろい」という発言も出やすくなろうというものだ。事実、オープン・スクールの効果を実証的に検討した研究の多くで、オープン・スクールのもとでは、伝統的な学校にくらべ、学校や学習に対する肯定的な態度が形成されることが報告されている。また、友だちと協力しあう態度や、好奇心、創造性といった興味ある変化を環境中に求めたり、つくりだしたりする傾向が、伝統的なやり方の学校にくらべ、発達しやすいことが示されている。

もっとも、十分な準備もせずにはじめられたオープン・スクールでは、いま述べてきたような「効果」は期待できない。アメリカにおいて、一時期、急激に増加したオープン・スクールが、最近また急速に減少したのは、準備不足からくる運営のまずさをオープン・スクールの本質的な欠陥と混同したためであろう。子どもに自己選択させることは、放任することではない。子どもが知的な挑戦を感じるようなやりがいのある課題を多様に用意したり、子どもの求めに応じて適切な助言や示唆を与えるのは、教師の重要な役目である。そしてこれなしには、自己選択の自由も宝のもちぐされになりやすいのである。

筆者らは、オープン・スクールのやり方が万事理想的だ、というつもりはない。しかし、子どもがいろいろな方向に伸びていける可能性が認められていること、これはすばらしいことではないだろうか。しかも、学校が単に学習の場というだけでなく、同年齢やいろいろな年齢の子どもの生活の場であることも、ここでは実感として認められやすい。知的な課題で失敗したからといってすぐ無力感におちいるということは、きわめておこりにくいことが予想される。現在の学校のあり方全体を今すぐ変えることは無理でも、たとえば、「ゆとりの時間」にでも、こうしたやり方をもっと取り入れてみることは、有意義なのではないだろうか。

第9章　効力感の社会的条件

無気力の社会的起源

社会的機構や文化的雰囲気のほうをそのままにして人々に効力感をもたせようという試みは、決して実りの多いものではない。家庭での、あるいは学校での、子どもたちの効力感を育てる方向への改革は、もちろん無意味ではないが、二重の意味で制約されている。第一に、すべての人々が効力感をもちうるように、という配慮が社会の側にある程度ないかぎり、その社会に属する家庭や学校、とくに公教育の場での大幅な改革は事実上禁止されがちである。第二に、もし改革が行なわれたとしても、その効果は、子どもが大きくなるにつれ、うすめられてしまう。外的な成功にとらわれずに、などといっていたのでは、社会に出てから「食べていけない」と思えば、効力感よりも生存を選ばざるをえないだろう。

いや、さらにしばしばこの試みは欺瞞(ぎまん)的ですらある。本当はありもしない自己向上を味わったつもりにさせ、そしてそのことをバネとして、期待される行動をみずから進んで行なうように仕向けるものになりがちだからである。

こうした意味で、効力感を育てる「教育的」試みは、人々が効力感をもつことを可能にする社会的機構や、文化的雰囲気をつくりあげていくということと、あいおぎなって進められていくのでなくてはならない。つまり、人々が無力感から自由であり、しかも、外的な成功でなく、意味のある熟達をめざして生きることが、社会的・文化的に奨励されなければならない。

そうはいっても、このことは容易ならざる仕事である。ことが教育に限られていれば、学習者が効力感をもつことの容易な条件を求めることは、まだしも可能であろう。ところが、これが人々の労働や福祉、その他、社会生活全般にわたってのことになると、今すぐ有効性の大きい手が打てそうにはとても思われない。しかし、本章ではできるかぎり現実的でしかも見通しの上では「本質的な」解決を探究するという方向で問題を考えてみることにしよう。

無力感からの解放

効力感をもつ最低限の条件は、無力感をもたずにすむこと、つまり生存をおびやかす諸要因をみずからの努力によって取り除けるというところにある。その逆に、生存がたえずおびやかされる、たとえばいくら働いても腹一杯食べられるかどうかわからない、というのでは、効力感どころではない。これは、社会に十分な食物が供給されていないという場合だけではない。失業率が高く、いつ首を切られるかわからない、ひとたび失職すれば容易に仕事が見つからない、失業手当では暮していけない、などというのも、まさにこれにあたる。病気になったときに医者にかかることができないなどというのも、やはり生存をおびやかす要因をみずからの努力によって除去できない場合の代表であろう。

いや、もっと恐ろしいのは戦争である。戦争にまきこまれたら最後、いつ命をおとすかもしれず、いくら自分が平和主義者であるといいはっても、そのことによって自分の身の安全は保障されないのである。

幸いなことに、先進資本主義国の場合には、社会主義諸国の場合と同様、戦争を除き、これらの生物としての生存をおびやかす恐怖からは比較的自由である。われわれの住んでいる社会も、その意味で、効力感をもたらすのに最低の条件は満たしている、といえよう。

人間の場合には、生存といっても、衣食住だけでなく、基本的人権が守られることが不可欠である。ある思想や宗教のゆえに迫害されたり、体制を批判しただけで警察につかまったりするようでは、広い意味での生存がおびやかされていることになる。そうした現実を改革しえないとすれば、やはり無力感におちいらざるをえないだろう。しかし、先進資本主義諸国の場合、その「自由」にさまざまな枠がはめられていることは事実であるが、それが多くの人々を無力感に導くほどのものとは思われない。

なぜ無気力か

にもかかわらず、今日の社会に生きる多くの人々が、意欲的に楽しくかつ充実した人生を送っているようにみえないとすれば、それはやはり、効力感の欠如によって説明さるべきだろう。無気力は無力感ばかりでなく、効力感の欠如からも生じる。第7章で述べたように、「古典的な」無力感におちいるのを防ぐことは、たいしてむずかしくない。そのための社会的条件を満たすことは、われわれの十分手にとどく範囲である。しかし、われわれの社会はどうみても、すべての人が効力感を伸ばしうるほどによくない、と筆者たちは考える。

効力感を伸ばしうるためには、第一に、誰もが意味のある熟達の機会をもてる、ということが要求される。自分が自発的にかつ持続的に取り組める課題を見つけることができるばかりでなく、そこでの熟達が、創造の楽しみ、他者に貢献しうるという喜び、自己統合に伴う満足などをもたらすものであれば申し分ない。第二に、熟達に伴う内的満足に重きをおき、外的な成功・失敗にこだわらなくても、それなりの生活を維持できるようでなくてはならない。

われわれの住んでいるのは、基本的に、生産性第一の管理社会である。そこでは、生産性を高めることが、結局、みんなの幸福につながる、となんとなく仮定されてしまっている。そのために、人々の行なうべき活動が、管理者によって定められ、評価される。有能な管理者とは、生産性が最大になるように、人々を選抜し、彼らに仕事を与え、その成績を評価していく人にほかならない。

こうした社会が、意味のある熟達の機会をひどくせばめてしまうことは、容易に理解できよう。本来、それぞれの人々にとって意味をもつ熟達の分野は、多様に異なっているはずなのに、生産性を高めるのに役立たない分野は、どんどん切り捨てられていく。最近の数年間だけをとってみても、伝統的な生産労働の多くが姿を消したり、変質させたりしていることに気づくだろう。

さらに、管理社会は、本当の意味での熟達を決して歓迎しない。職人気質に典型的にみられるように、熟達者は、何をいかになすべきかに関して自己主張せずにはいられないし、またその活動の成果をもみずから評価せずにはいられない（これは、第6章でみたように、スキーマにもとづく自律性に由来する)。これは管理者にとって好ましいものではない。管理者が要求するのは、自律的な熟達者ではなくて、組織の有能な歯車なのだ。管理社会での優等生は、いわば、管理されたかぎりで有能さを追求する存在なのである。このことは、今日の企業体に、職人気質の持主が入ってきたらどうなるかを想像してみれば、すぐわかるだろう。彼はきっと、「ガンコで、依怙地で、時代おくれ」といった烙印を押され、組織の厄介者扱いをされることだろう。熟達に重きをおいて生きていこうとすると、どうしても管理社会の壁にぶつかることになりやすいのである。

われわれの暮している生産性第一の管理社会では、後で述べるような例外があるとはいえ、効力感をもつことはなかなかむずかしいといわざるをえない。

外的成功のもたらす一時的効力感

意味のある熟達の機会が見つからないとき、人々はどうするだろうか。おそらく、直接に外的成功を求めて生きていくか、あるいは、せめて「安心感」を確保しようとするだろう。有名大学に入って大企業に勤める、などという試みは、まさしく後者にあたる。われわれの社会では、安心感の追求も、結局このように、外的成功を求めるという形態をとる。もっと簡単にいえば、お金をため、大きな権力を手に入れるということだ。

外的成功を求める人々にとって、職業とはそれ自体目的ではなく、手段なのであるから、最も効率よく所有・権力の欲求を満たしてくれる職業こそが好ましいと評価されるようになってくる。

第4章ですでにみたように、知的興味などの内発的動機づけと報酬を求める外発的動機づけとは加算的に働くのではない。外発的な動機づけが強くなりすぎると、そのなかでは内発的な動機づけはその力を失ってしまうのである。ここから示唆されるのは、所有や権力を求める志向が強くなりすぎると、労働が本来人々にもたらしてくれる熟達に伴う充実感、他人に貢献しうることに由来する満足といったものは、それだけ味わいにくくなるだろうということである。これが熟達への志向をいっそう弱めてしまうことはいうまでもないだろう。

では、富や地位を手に入れたら、効力感は高まるだろうか。この問いへの答えは、少し複雑になる。本人にとって意味のある熟達が、いわば内的満足をとおして安定した効力感をもたらすのにくらべ、外的成功によってのみ確認される達成は、（本人がそれに価値をおいている場合に限ってだが）いわば一時的な効力感をもたらすのではあるまいか。このことは、すでに第6章でも示唆したところだが、要するに、内的な充実感に裏打ちされない外的成功の効き目は、長続きしないのである。

だから、成功によって効力感をもちつづけるには、たえずチャレンジし、成功しつづけなければならない。それも、しだいに大きな成功をめざさなければならない。一般に、外的報酬の効果は、繰り返し与えられていると低下してしまうからである。同じ水準の報酬では効き目が弱くなってしまうのだ。

成功しつづけているかぎり、そうした人々は効力感をもち、文字どおり企業体を、時には社会や国家全体を「背負って立つ」意気ごみで働くことであろう。彼らこそまさに、エリートというにふさわしい。

これに対して、成功しつづけるのが無理とわかった人々は、外的成功にこだわればそれだけ、意気阻喪しがちであろう。そこで、外的成功が人生の目標として追求される社会では、普通、ごく少数のエリートと、多数の大衆がはっきり分離してくる。前者は、「勝者」たらんと意欲満々だが、後者はそうした希望を失って無気力だ、という二分法的な図式が成立する。

もっとも、管理者やエリートの側としては、これでは困る。また、管理される側からいっても、敗北感は決して心地よいものでありえない。そこで、「それなりに」という発想が強調されることになる。成功の主観的標準をある程度低くおさえて、「ささやかな」蓄財や昇進に成功感を味わおう、というのである。この発想のおかげで、意欲的エリートと無気力な大衆という二分法は、少なからずボカされてしまう。つまり出世競争にも、いくつもの水準が設定され、そのなかでの勝者がそれぞれ成功感を味わう、という仕組である。これによって、出世競争がいわば大衆化されることになる。

次章でふれるように、日本社会には、根強い「努力信仰」の伝統があるため、これがいっそう大衆的出世競争を強め、客観的には大きな成功の望みがないにもかかわらず、努力を続けさせることになる。上級管理者の側からすれば、それぞれの水準に属する人々が、出世競争に勝ちぬこうと進んで管理社会の優等生になってくれるのだから、こんなウマイ話はない。

しかし、中間や下級の水準での成功のもたらす「効力感」は、よけい一時的な、はかないものにとどまらざるをえない。自分の生活を犠牲にし、自分の管理下にある人々に我慢を強いてまで達成した「成功」がたいしたものでないとわかったとき、彼らは、単に「中間管理職の悲哀」を味わうにとどまらず、無気力におちいるのは当然ではなかろうか。

「労働者」のレッテルで無気力に

元来、生産性第一主義のもとでは、労働やそれに伴う熟達は、それ自体価値あるものとはみなされない。大衆的出世競争が普及すれば、人々は少しでも高い地位につこうとするようになるから、「労働者」といったことばは、よけい否定的な意味あいをもつようになる。

「労働者」という語がもっている否定的なニュアンスを見事に実証してみせたのが、エレン・ランガーたち[*4]の実験である。彼女たちは高校生を被験者にして、ひとたび労働者（ワーカー）というレッテルをはられて仕事をすると、そのあとでは有能さが低下するという事実を見出し、これは他人に依存しなければやっていけないと本人が思いこむことによると解釈した。

彼女たちの実験では、まず縦横に並べられた数多くの文字のなかから商品名をさがす、という課題が与えられた。ここでは比較的低い集団標準が与えられているので、ほとんどの人が成功したという感じがもてることになっている。そのあとでさまざまな会社の広告を見て、それぞれがさきほど見つけた商品を扱っているかどうかを判断させられる。

この作業のあとで、実験群の被験者は、サクラと組んで作業することが要求される。そのさい、インチキなくじびきによって、被験者はいつも「労働者」の役割、サクラのほうは「管理者」の役割を割り当てられる。この第二段階で行なう作業は、さきほどの作業の後半部分にあたる。つまり、すでに見出されている商品名に対して、それぞれの会社の広告を割りふっていくという作業である。このさい、労働者の役割を割り当てられた被験者のほうは、管理者のいう商品名を書きとり、それをもとに会社の広告を分けていくのである。一方、統制群の被験者は、こういったレッテルなしに二人一組で作業を行なった。

そのあとで、もう一度縦横に並べられた多くの文字のなかから、商品名を見つける、という課題が与えられる。第二段階で実験的に操作されたのはこの課題ではなかった。にもかかわらず、労働者の役割をひとたび与えられた被験者は、一回目に商品名を見つけたときにくらべて、ずっと成績が低下していたのである。

ランガーたちは、くじびきをせずに実験者が役割を割り当てた場合にも、そのレッテルが重要でない役割を暗示する場合（たとえば、「長」に対する「助手」といった）には、成績の低下がおこることを見出している。

断わるまでもないことだが、以上は、あくまで、熟達やそれに伴う効力感の形成の機会をうばわれた「労働者」について見出された、「残念な」結果である。ここから、労働者であることを蔑視する結論をひきだすことは、許されるべきでない。

スペシャリストと局外者

こういう社会的条件が変化して、人々が効力感をもって人生を送ることができるようになるためには、どんな改革の試みが有効なのだろうか。一朝一夕で達成されるものでないことは確かだが、少しでもそういった方向に変化させるうえで、個人的水準でできること、集団や組織の水準でできることは何だろうか。この問いに答えるために、まず、今日の社会で、熟達に内的な満足をもって生活しているのはどんな人々かを考えてみよう。

これにはおそらく、二つの異なったタイプがあると思う。つまり、企業体に属さないで、高度な知識や技術を発揮しうる「スペシャリスト」と、「細々と」自営したり、時として企業体に属し収入は得ながらも、そこに心からは帰属せず、生活の他の部分や趣味に、より大きな価値を見出す「局外者」である。

「局外者」のひとつの極端な型が、ヒッピーであろう。彼らは、必ずしも「熟達」を強調しなかったが、生産性第一主義を否定し、反権力・反財力という形で、外的成功を拒否した。だから、その考え方は、内的満足の重視へとつながりやすい。彼らは、今の権力者を打倒して自分が権力につこうとするよりは、むしろ権力自体を憎んでいた。また、金持ちになるよりは、人間らしい暮しを、というのが彼らのキャッチ・フレーズであった。生きていくのに最小限必要なだけは働くけれど、それ以上金持ちになるために、よい暮しをするために、あくせく働くのはまっぴらだ、というのが彼らの哲学だった。

こうした考え方が比較的スムースに受け入れられていったのが、豊かな社会の豊かな層においてであったことは理解できる。確かに、所有欲は、普通の場合、一定の限度がある。毛皮のコートだって一着、二着は欲しいかもしれないが、三十着も五十着もあっても仕方がないというのは、誰にでもよくわかる。ヒッピーのなかでよく語られていたように、ビーフステーキが食べられなくても、ツナ（マグロ）のステーキが食べられれば、その差はたいしたものではない。

しかし、多くの人々は、この差が決定的な取り返しのつかないものであるかのように考え、少しでも多くの収入を求め、それによって他のものを犠牲にしてきたのである。これはひとつには、彼らの生活水準が、まだ所有欲の飽和点にまで達していないためだろう。月給で一万円の差、と一口にいっても、それが生活に「顕著な」変化を生じさせることは十分ありうる。もうひとつには、資本主義社会のなかに、所有欲を肥大させる要素が、いわば内在的にそなわっているのだ、と考えられよう。大衆化された出世競争へと人々をかりたてているのは、なによりもこの肥大した所有欲ではなかろうか。

ヒッピーとは異なり、スペシャリスト（たとえば医者、芸術家、弁護士）は、熟達を彼らの「自由」のよりどころにしている。彼らは、いわば「現代化された」職人であり、その高度な熟達のゆえに、企業体に対してある程度の独立を達成し、かつ一定の地位と収入とを「保証」されている。これらの人々が、権力やお金の亡者にならないかぎり、内発的な動機づけに目を向けることは十分考えられる。彼らは、熟達にいっそう磨きをかけることで、「自分ならでは」の仕事を遂行し、しかもそれによって他者に貢献しうる、と信じている。この人たちが、労働をとおして効力感を得やすいことは確かであろう。

しかし、残念なことに、現代の管理社会では、こうした「精神的自由」は特権階級のものだ、といわざるをえない。とくに高度な技能や知識をもっているのでないかぎり、外発的な動機づけから自由であろうとして出世競争に背を向ければ、ビーフステーキをツナステーキにかえる程度ですませるかどうか疑わしい。いや、学校のように、本来スペシャリストの集団であるべき職場においてさえ、管理が浸透し、一人一人の判断や評価の許される分野がせばめられ、熟達の内的な満足より管理者の下す評定に依拠して行動しようとする風潮が強くなってきているのだ。

しかしそれだけに、スペシャリストにせよ、局外者にせよ、彼らの生き方が、管理社会への「抵抗」のひとつの形を示している、と評価してよいのではあるまいか。

福祉社会を越えて

かつては、「働かざるもの食うべからず」という格言どおり、真面目に働かない労働者は簡単に首にされたし、またその場合には、ただちに生存に対する脅威に直面せざるをえなかった。しかし、福祉社会が少しずつ実現されるにつれて、こういった状況はかなり変ってきた。ヒッピーの哲学も、社会の豊かさ、最低限の福祉を前提にしてはじめて成立しうるものだったといえよう。

とくに福祉の面での先進国である北欧やイギリスの場合には、たとえ失業したところで、失業手当でひとまず人間らしい暮しを続けることができる。こうなってくると、外発的な動機づけは昔ほど効果的でありえなくなってくる。とくに、けっこういい暮しを楽しんでいる局外者の存在を知るにつれ、あくせく働くのがいやになる。もともと、熟達の機会として労働をとらえているわけでもなければ、労働が効力感の源泉になってもいないのだから、それは、基本的に、収入の「わずかな」増加によって報いられているにすぎない。日本だって、働き中毒症的な職業倫理がなかったらどうなるかわからない。具体的には、無断欠勤、サボタージュ、あるいは原因不明の生産性の極端な低下ということがおこってくる。

この事態に対処する考え方は、大きく三つあるように思う。保守主義者は、この事態を改善するためには、結局のところ、アメとムチが効きやすい条件をつくることしかないと考える。これはとりもなおさず福祉をおさえ、人々が一生懸命働かないかぎり生存がおびやかされるという条件をもう一度生みだそうとするものにほかならない。そうすれば、効力感の欠如など問題にしなくてすむ、ということだろう。

既成の革新勢力は、これに対してもちろん強く反対するが、しかし彼らとて、すべての人々にとって内発的に興味がもて、その能力をひきだすのに好都合な仕事、意味のある熟達の機会を与えるのはとても大変だ、と認めている。そこで彼らは、もっぱらアメを要求する。つまり、せめて大幅な賃上げによって人々の働く意欲を高めようというのである。確かにアメは一時的に効果をもつことが考えられる。給料が上がったということは、効力感を高めるだろう。とくにそれが他の企業との比較において与えられた場合にはそうであるかもしれない。しかし、それが永続きするとは思われない。すでにみたように、こういった外発的な賞によって、真の効力感をもたらすことはむずかしいからである。

そこで、アメやムチでなく、労働に内在する喜びを強調する第三の道が追求されることになる。たとえば労働者参加という発想はそれにあたる。これによって、労働者がみずからの生産の主人公である、という感じがもてれば、これは彼の労働に対する意欲を基本的に変えるのに役立つかもしれない。出勤や退社の時間を自由にし、一定の制限内で労働者の自由裁量を認めようとする試みなども、自律性の感覚を刺激するものとして考えられる方策であろう。

ボルボのスウェーデン・カルマール工場で試みられているように、極端な分業制につながるベルトコンベアの使用をやめて、一人一人の工員に「作る喜び」を味わわせようなどというのも大胆な試みのひとつである。もちろん、生産性の点からいえば、徹底した分業でやったほうがよいはずだ。しかし、それでは、せっかく組み立てた自動車が「自分のもの」という感じはとてももつことができない。つまり、創造の欲求を満たすことができない。そういった内発的な満足がないかぎり、労働者の関心は外発的な賞に向けられ、そして実際に自分が受ける失業手当とたいして差のない収入を得るために一日中あくせく働くのはばかばかしい、といった気持をおこさせてしまいがちだ。これに対して、もっとやりがいのある仕事を与えればそれぞれの労働者が進んで働いてくれるはずだ、というのが、この工場での改革の哲学だったという。

これらの試みと並んで評価しうるのが、労働者の自己向上を奨励する試みだろう。効力感をもつことを可能にするためには、意味のある熟達の機会が与えられなければならない。これは確かに、目先の生産性を最大にするという目標とは両立しがたい。しかし、労働者が効力感を失い、無気力になれば、結局のところ生産性は下がっていく。それに対応して管理を強めれば、ますますやる気が失われる、という悪循環よりは、「ある程度」熟達の機会を与えたほうがよいのではないか——こう考える管理者や経営者もふえてきているようだ。いや、なかには、もっと徹底した改革により、会社をまるで自己学習の場にかえて成功した例もある。

愛知県大府(おおぶ)市に名南(めいなん)製作所とよばれる工作機械を開発する会社がある。そこでは、全社員が勤務時間中に毎週、物理学の学習会をしている。社員の誰もが創造的に仕事をする喜びを味わえるようにしたい、一部の者だけでなく全員が、新しい機械を開発でき、その楽しさを体験できるようにしたい、それには、物理学の法則を使って考えられるようにする必要がある――これが、この学習会がもたれるようになったいきさつだそうだ。社外からは講師はよばず、会社員が数グループの学習班に分かれ、輪番制で、お互いが講師になりながら、もう十数年もこうした学習会をやっているということである（鎌田勝『不思議な会社』日本経営出版会）。

この会社は、創立してまだ二十数年で、社員も一〇〇人にも満たない。にもかかわらず、もう五〇〇件以上もの特許をとっており、経営も潤っているそうだ。そして社員たちは、仕事に生きがいをもっている者が多いという。

人々が効力感をもって人生を生きることの意義を強調する筆者たちの考え方からすれば、福祉社会を後戻りさせるのではなくて、むしろ人々の生存をおびやかす条件を少しでも少なくし、しかも同時に、人々にとってやりがいのある仕事を準備するところにこそ、今後の労働政策の基本がおかれなければならない。

無力感に至るもうひとつの道

ライト・ミルズが正しく指摘したように、現代の労働に対しては、いやなもの、退屈なものといった宿命的な否定的な感情がある。そこで、ついサボったり、失業手当にたよって暮してみようか、という気にもなるのだろう。

しかし、人間は、管理された労働なら本当にやりたくないものなのだろうか。自分の意志で「やらない」のはよいとして、働く機会さえ与えられなかったら、つまり能力を発揮し、他人の役に立つ最小限の可能性さえないとしたら、どう感じるのだろうか。

これはいうまでもなく、「現実的な」問いである。私たちの社会では、例外はあるが、定年を迎えたら、本人が働きたくても、やめなければならない。また、心身の障害を理由に、なかなか就職の機会が与えられない人々も少なくない。これらの人々は、確かになんとか「食べて」はいける。しかし、やはり人間としての生存をおびやかされ無力感におちいっているとみるべきではあるまいか。

ランガーたちは、「重要でない」というレッテルをはられたり、ないしはそれが暗示されるだけで人々は意欲を失う、と考えるのであるが、この観点から、老人の意欲に関心を払っている。これは、労働と福祉を統一的にとらえる視点として興味深いと思うので、紹介してみよう。

老人ホームにいる老人たちに対してさまざまな選択肢を与え、選択を許し、かつそれを奨励すること、自分のことだけでなくて、簡単にできる植物などの世話を責任をもってさせること、などの変化を導入すると、老人がより生き生きとし、より活発になり、そしてより幸福に感ずるということを、彼女らは見出している。

さらに興味深いのは、こういった変化の導入された老人ホームの場合には、そうでない統制群とくらべて、一八カ月以内での死亡率がおよそ半分に低下したという事実である。セリグマンも指摘しているように、極端な無力感は死へとさえ導きかねないのである。

前にみたランガーたちの実験の被験者は、一度も失敗感を味わっていない。まして彼らは生存をおびやかされたわけでもなく、苦痛を与えられたわけでもなく、努力してもそういった事態から脱出できないという経験をもってもいない。にもかかわらず、彼らの示した行動は、獲得された無力感の実験でのそれとよく似ていたのである。老人ホームの老人たちもまた同様な無力感にさいなまれている者が多いようにみえる。これはなぜだろうか。

ランガーはこんなふうに考える。人々のもっている自尊心は、ささいな状況的な要因によって簡単に傷つけられるものだ。たとえば、彼らが他の人々にくらべてより劣っているということを暗に意味するようなレッテルをはりつけられたり、人々が好ましくないと考えている仕事に従事させられたり、また、自分が以前やっていた仕事を他の人が引き継いで、自分はちがう仕事に割り当てられた、などというのは、すべて自尊心を損じかねない。あるいは、他人が自分の世話を一から十までやってくれる、というような場合にも、彼の自尊心は低下しがちだというのである。

確かに、「自尊心をもって生きていく」のが人間の生存の自然なあり方だとすれば、これがたえず傷つけられ、回復する機会の与えられない状況というのは、無力感を獲得させるものであろう。ランガーたちの被験者は、次章で述べるように、能力や独立が過度に強調される達成志向社会のアメリカ人だから、それらがちょっと否定されただけで、ひどく自尊心を傷つけられてしまったのだろう。

しかし、彼女たちの実験結果は、こうした文化の枠を越えて、いわゆる「弱者」に対してどのように対処するのがよいかということについて、われわれに大きな示唆を与えてくれる。具体的にいうと、それは福祉の中心に労働をおくということである。労働という表現が強すぎるとすれば、すべての人々が自分の能力をできるかぎり発揮し、熟達に伴う内的満足を味わうことができるように、そしてそのことによって他の人々とのつながりがもてるように配慮することを、福祉の中心におくべきだということである。体が弱かったり、障害があるという人に「同情する」のは、もちろん善意からであるかもしれないが、それだけでは決してその人たち自身が望む処遇をもたらすものではないし、またその人たち自身のよりよい生き方を可能にするものではない。何かやってもらえるかわりに「弱者」というレッテルも甘受しなければならないとすれば、これらの人々は無力感におちいりがちで、とても効力感を味わうどころではなくなってしまうのである。

統合とその場で必要な援助

行政の立場からすると、「弱者」ははっきりと分類されなければならないらしい。たとえば、七十歳以上の老人とか身体障害者とかいったレッテルは、もともと人々が自発的に使っていたというものではなく、行政が勝手に決めて作りあげたものだろう。しかし、ひとたびこのようなレッテルが社会的に広く使われるようになっていくと、そのレッテルをはられるということ自体が、人々の自尊心にとって耐えがたいものになるという側面に、われわれはもっと思いをいたすべきであろう。

筆者たちはすでに、さまざまな程度に障害をもった子どもを、すべて基本的には同一の学級で教育する統合学級の試みを支持し、ただ彼らが、その時その時で特別な訓練を必要とする場合に、そうした機会を与えられるべきだ、と述べた。同じ論法が社会のなかでの「弱者」、「障害者」に対しても適用されるべきだと考える。そうでないかぎり、暗に劣等とされるレッテルをはられた弱者、障害者は、それによって無力感を味わいやすくなり、みずからの能力を発揮し伸ばしていくことも困難になるからである。社会の側からいっても、これは本来必要でない大きなお荷物をみずからつくりだしているという点で、決して賢い対策とは思われない。この「統合と必要に応じた援助」の原則は、本来すべての人々にひとしく適用されるものだから、生活している人間の側からすれば、「弱者」と「強者」、「障害者」と

「健常者」の区別も、必要のないものになる。ただ、特別な配慮や援助を比較的多く必要とする人と、それが少なくてすむ人とがいるにすぎない。

ヨーロッパを旅行していると、よくこんな光景を目にする。車椅子の人がバスに乗ろうとしたとき、乗客の二、三人がバスから降りて車椅子をバスにひっぱりあげる。彼が降りたいときには、やはり手をかしてくれる乗客がいる。こういったその場での援助というものは確かに必要だと思う。同じように、列車のホームを目の不自由な人が歩いているときには、ちょっと手をとってあげるのが自然であろう。しかし、そうだからといって、これらの人々を「身体障害者」としてレッテルづけ、そして特別な処遇をいつでも行なうのは、彼らのためにも本当はよくないのではなかろうか。

第10章　無力感・効力感の日米比較

無気力の文化差

これまでの章で、すでに何回かこれはアメリカ人について見出されたことであり、日本でもそのまま当てはまるかどうかは疑わしいなどと述べてきた。これはとりもなおさず、どんな場面で無力感が生ずるかとか、どんな条件が効力感を妨げているかなどに関して、日本とアメリカでかなり差異があるだろう、と筆者たちが考えていることを示している。

心理学の世界では、なんといってもアメリカが先進的で、活発に研究を行なっている心理学者の数も圧倒的に多い。とりわけ、ここでとりあげた無力感や効力感という概念自体、アメリカの心理学研究のなかで発展してきたものだから、われわれが依拠すべき資料の多くは、アメリカで得られたものになる。にもかかわらず、それがそのまま日本人の「無気力」の問題を考えていくうえで直接役に立つとは思われないというのが、筆者たちの避けることのできないジレンマであった。

もちろん、生理的欠乏や苦痛から努力しても逃れられないときに、無力感が獲得される、といった「極端な」ケースについては、日米差はないであろう。これは、イヌやネズミにさえ当てはまることなのだから。しかし、どんな状態が、生理的欠乏や苦痛に「準ずる」ものととらえられるか、ということになると、文化によってちがいがあると思われる。同様に、生きがいとつながるような熟達が真の効力感を生じさせる、というもう一方の極にも、文化差はほとんどないだろうが、これが満たされないときに、一時的にせよ効力感をもたらしたり、人々の気力を多少とも増大させたりする条件が何か、という段になると、文化による差異がありそうだ。さらに、効力感の獲得を妨げている社会的現実には、より大きなちがいがあると予想される。

では、日本とアメリカでは、無力感・効力感ということに関連してどんなふうに社会や文化が異なるのであろうか。おそらく最も重要な差異は、アメリカがいわば典型的な達成志向社会であるのに対して、日本が同じく達成社会の側面をもちながらも、より親和社会に近いというちがいであろう。ここから、そこに住む人々がどんな場面で無力感・効力感をもちやすいかなどについても、さまざまな差異があることが予想されるのである。

達成社会としてのアメリカ

アメリカは、典型的な達成志向社会だといわれる。その意味は、簡単にいえば、たえず自分の能力を発揮し、しかもそれを高めていくことが期待されている社会と表現できるであろう。このことは、筆者らと同業の大学の教師をくらべてみると、よくわかる（同じような差異は、もちろんビジネスの分野でもはっきり認められるらしいが、ここでは、筆者たちが直接見聞している、ということで、大学の例をとっておく）。

アメリカではよく、「あの人は昔はえらい先生だった」という表現が使われる。これはもちろん、今ではたいした研究をしていないということを意味している。日本では、昔えらければ、その後とくに決定的な失敗をしないかぎりは、いつまでもそのえらさが保持できるのに対し、アメリカでは、おそらく最近三年間か五年間にいい論文を発表していなければ、彼はもはや「過去の人」とみなされることになってしまうのである。

日本では、主任教授ともなると、もっぱら教室内の管理に専念し、研究上の役割というのは、さまざまな対立する議論をどう調整するかとか、あるいは、予算をもらってきて大きな研究計画が可能なようにするとかいったことにとどまる場合がほとんどであろう。これに対してアメリカでは、大学教授としての有能さは、なによりもまず魅力的な研究計画書を書く能力にあるといってよい。ひとたびこの研究計画に対して予算が交付されることになった場合には、研究上のイニシャティブをとることもまた彼に期待されている仕事であって、彼の役割は若い共同研究者の意見をまとめていくということにとどまるものではありえない。

自分の能力を発揮するということは、学会の発表や討論の場においても、同じく期待されるところである。アメリカでは、日本的な謙遜はおよそ無意味、ないしはかえって有害である。「私は、まだよくわからないのですが」とか、「たいした研究をしたわけではないのですが」といった前置きはアメリカで発表するさい絶対にしてはならない。それどころか、自分の研究がいかにおもしろいものであるか、いかに重要なものであるか、力説すべきなのである。その「売りこみ」が、次に研究費がもらえるかどうか、また彼の給料があがるかどうかに決定的な意味をもつからである。

また、議論で簡単にいいまかされたり、相手のいうことがもっともであると受け入れたりすることも、この社会では決して奨励されない。たとえ旗色がわるくても、大きな声を出し、相手がしゃべるのにもおかまいなしにまくしたてて相手が黙れば勝ち、というのが、いかにもアメリカ的なやりくちなのである。

さらにもうひとつ大事なのは、このように自分の能力を発揮し、それに磨きをかけていくことが、他の誰のためでもない、自分自身のためだ、という共通の了解であろう。それは決して、会社のため、大学のためにつくすことではない。また、自分の家族のためにがんばるのでもない。彼らはいつでも自分が先頭に立ち、「自分たちの」ではなくて、「自分の」創造をめざしてがんばるのである。こういった社会においては、ある活動が、自分のイニシャティブではじめられたものでないかぎり、たとえそれが成功をもたらしても、効力感を増大させえないことは、容易に理解できよう。

親和志向の強い日本社会

これに対して、同じく先進資本主義国でありながら、日本の場合には、親和という要素がずっと強いものになってくる。親和志向というのは、結局のところ、人と人との結びつきを大事にするということである。自分の達成とか自分の能力を発揮するということ以上に、他の人たちに喜ばれ、受け入れられることに価値をおく、といいかえてもよい。

もちろん、日本とて競争は激烈である。いや日本のなかで、あるいは日本と外国とのあいだで激烈な競争を行なってきたからこそ、ここまで経済的に成長したのだ、というのも確かであろう。しかし、この場合の競争あるいは達成は、一義的には、本人の創造のためでも、能力を発揮する機会でもない。多くの場合、そこで追求されているのは、家族ないしは家族になぞらえて解釈される会社や組織のためなのである。日本での大衆化された出世競争は、少なからず、「家族のため」、「妻や子どもに豊かな暮しをさせられるように」がんばる、という側面をもっている。モーレツ社員は流行おくれになったようであるが、それでも他企業との競争となれば目の色が変るものらしい。そして、集団・組織の側も、「貢献度」という名目で、とかく能力より忠誠度に応じて報酬を与えようとする。

本来、一匹狼の多いはずの大学においてさえ、家族に類似した集団がなくはない。学閥とか同窓会などというのがこれにあたる。そういった集団の利益を守るためという段階になると、ふだんは謙遜でひかえめな大学教授たちが、別人のように功名心をあらわにし、私利私欲を追求するようにみえることがある。しかし、これも決して本当の意味での「私」のためではない。「私」を含む家族に類似した集団のためなのである。

能力競争の回避

親和社会のなかでは、個人間の能力競争は一般に回避される。とくにある同一集団に属する成員は、互いに競争することが戒められるのである。業績に従って昇任や昇給が大幅に変ってくるアメリカの大学とは対照的に、日本では、ひとたび専任教員（教官）として受け入れられれば、彼の地位は多少の早い遅いはあっても、ほぼ自動的に上がっていくし、また俸給は彼の業績によってはほとんど影響を受けないとさえいってよい。このことによって同じ大学内での競争は、極度に抑制されている（もちろん、先ほども述べたように、企業と企業のあいだの競争、大学と大学のあいだの競争というのは熾烈なものがある）。

もっとも読者は、日本には受験競争というものがあるではないかといわれるかもしれない。確かに大学入試のための競争は大変なもので、しかも個人個人として行なわれる。しかし、これもよくみれば、むしろ将来長期にわたる能力競争を避ける機会として働いている側面が大きいことに気づかれると思う。企業に入ってから、その社員同士が面と向かって能力において競争することは、企業の団結を低めることになる。さまざまな会議の場で対立する意見が出され、一方だけが採択されることはしこりの残るもとになる、と日本では考えられている。そこでアメリカの映画によく見られるように、担当者がそれぞれ異なる自分なりの案を出し、その案の長所と、他の案の短所を指摘して議論しあうといった決定場面は、企業のなかでさえ多くはないようだ（これに代わるのが、「根回し」という手法である）。

しかし、入社した人々のすべてが管理職につけるわけではないから、なんらかの選抜ということは不可避になる。選抜がある以上、そのための能力競争もまた避けることができない。そこでこの入社後の競争を緩和するために用いられているのが学歴主義であるように思われる。つまり、大学出の人が早く出世したとしても、それは学歴のせいだ、あるいは有名大学出の人が重役になったとしても、それは当然だ、とみんなが認めるとすれば、それによってひとつの企業のなかでの競争は、それだけ勢いをそがれることになるからである。

また、大学受験がこんなにむずかしくなってきたのは、なんといっても日本の終身雇用制に源があることは確かである。よい大学を出て一流の企業に入社できれば一生食いはぐれはない、と思うからこそ、よい大学に入るために何年間もの生活を犠牲にするのだろう。会社に勤めてからあとも競争し、そのなかで秀れた業績を残した者だけがその会社に残ってより高い地位につくといったやり方は、日本の社会になじむものではない。最も知的な刺激が必要なはずの大学においてさえ、ひとたび専任講師で採用されれば、彼はまずまちがいなく教授になれる。この点で、助教授として採用された人たちのうち数人に一人しかその大学の正教授になれないというアメリカの大学とは、事情がおおいに異なっているのである。そして、この競争を「前もって」緩和しているのが学歴主義であり、これこそが受験体制を支えているのだと思う。

達成社会では能力が決め手

達成志向社会のなかでは、なんといっても能力が前面にでてくる。これに対して親和志向社会では、むしろ他人の承認ということが重要になってくる。一般に、人々がある水準の達成に対してどれほど肯定的な反応を行なうかは、本人の払ってきた努力に依存することがわかっているから、日本のように親和志向をかなりもった達成社会の場合には、能力とともに「努力の証明」が人々の関心をひくものになってくるのである。

ニコルスが正しく指摘しているように、アメリカにおいては、おそらく、なぜ自分が成功したのか、なぜ自分が失敗したのかを問うさいに重要な区別は、それが自分の能力からきているものか、それともそうでないかということである。自分の能力の高さによって成功がもたらされたのだとすれば、それは正に喜ぶべきことである。この能力にもっと磨きをかけていけば、ひきつづいて成功が約束されるだろう。それに対して、能力以外の要因のおかげで成功したのなら、将来の成功は必ずしも保証されない。一方、能力が低いおかげで失敗したのだとすれば、彼は意気阻喪せざるをえない。彼の低い能力は、再び失敗をもたらすだろう。彼がいくら努力してもそれによって能力不足をカバーすることがむずかしい、というのが達成志向社会の掟なのである。すでに第3章で見てきたように、実験的に導入された失敗を能力不足に帰因すると、そのとたんに成績がひどく低下することが知られているが、これもアメリカの達成志向社会という文脈でのみ、はっきり認められることであろう。

親和志向の強い日本では、問題は能力だけにあるのではない。「あの人はコツコツよくやっている」とか、「彼は能力はそれほど高くないが信頼できる」とかいった評価を私たちはよく耳にする。いや、大学のように本来知的達成に一義的な関心が払われるべき組織においてさえ、新しく専任教員（官）を採用するさいには、彼の能力が決定的に重要というわけではないところが多いのである。

もちろんアメリカの大学とて、同僚として一緒に気持よくやっていけるかどうかに人々の関心が寄せられることは事実である。しかし、ただ真面目に勉強しているからといった理由で、一流大学に採用されることはまずありえない。厳しい審査を通りぬけて採択された少なくとも数編の論文がなければ、いい大学で彼が雇ってもらえる確率はほとんどゼロだといってよい。

努力がものをいう日本社会

達成志向社会の場合には、自分の能力を発揮し、それによって成功をつかむことが目標である。少し極端にいえば、能力の高さを誇示し、低い能力は人目にふれぬようにかくしておく必要がある。ある課題が与えられたときにそれがすぐ解ければすばらしい。時間をかけて解けたとすれば、その次にいいことになる。しかし、時間をかけても解けそうもなければ、なるべく早目にあきらめてしまったほうがよいのである。なぜなら、時間をかけずにあきらめた場合には、彼の能力が低かったという決定的な証明にはなりえないのに、「一生懸命やったけどダメだ」ということなら、もう能力が高い可能性はないことになってしまうからである。その意味でアメリカの社会は、成功の可能性がないとたんに力が発揮されなくなるという、一種の宿命をもっているといえよう。

もちろん、アメリカの社会はたえずチャレンジしていくことを求めている。これは失敗の可能性がいつでも横たわっていることにほかならない。アメリカの成功した実業家の経歴をみてみると、たいてい一回や二回破産したことがあるのに驚く。一、二回の失敗にくじけていたのではとても大きな成功はつかめない、と彼らの伝記は教えているようにみえる。しかし、ここで強調しておきたいのは、達成志向社会のなかでは、高い水準の達成かそれ以外か、に人々の関心が集中するという事実である。低いなりによくやっているとか、最低よりはちょっとましといったことに対しては、どうもあまり価値が払われないように思われる。いってみると、アメリカの社会はたえず「能力の証明」を求めている、ともいえる。これに対して日本の社会は、社会的承認への期待が達成への努力と結びついている。日本では、ひどい失敗を避けることが可能なかぎり、あきらめないのがよいとされる。いや、達成という観点からは成功の見込みがなくても、努力していればそれなりに社会的承認が得られるかもしれない。

筆者らは、日米の五歳児に、見本合せの簡単な課題を与えて、彼らの作業の仕方を比較したことがある。アメリカの子どもたちは、日本の子どもより一般に衝動的で速く答えをいう。よくわからなくても、当てずっぽうでどれかを選んでさっと反応することが多い。これに対して日本の子どもは、ずっと長い時間をかける。彼らはあたかも、おとなが与えてくれた課題に対して簡単に答えて失敗したら申し訳ない、とでも思っているかのようにみえる。彼らのなかには、答えがわかってしまったのに、あるいは、反対にもうこれ以上やってもわからないと判断されたのに、なお答えるまでに時間を費しているようにみえる場合さえある。

すでに繰り返し述べてきたように、失敗した場合でも努力のあとが認められれば、それはひどい罰へとつながりにくい。努力なしに失敗したというのが、いちばん社会的に非難されやすいのである。その反面、速く反応しておけば、能力の評価のうえでは有利になる。だから、この見本合せの課題における日本の子どもの「過度の」慎重さは、能力を高く見積ってもらうより、努力を買ってもらいたい、と彼らが望んでいる結果だ、ともいえる。社会的承認へとつながる努力を重視する傾向は、すでに幼児のうちから獲得されているともいえよう。

熟達に伴う満足がない「一時的な」効力感の獲得は、アメリカでは何よりも達成、それも能力の高さを示す外的な成功からもたらされることが多いのに対し、日本の場合には、単に達成だけでなく、それが社会的に承認されることを必要とする。いや、実際に外的な成功がもたらされなくても、十分な努力が他の人々によって賞賛されたとしたら、それは一時的効力感をもたらすものであるかもしれない。少なくとも日本では、自分の能力の証明にそれほどこだわらなくてもすむのではないだろうか。

独立への執着

アメリカの達成志向社会においては、人々が能力への関心をきわめて強くもっていることはすでに述べた。そうした社会のなかでは、競争が当然のこととして受け入れられるが、同時にその競争は公正なものでなくてはならない、ということも強調される。この点が、ある意味ではアメリカ社会の長所になっているように筆者らには思われる。たとえばアメリカでは人種差別や女性差別を減らすために、政府をはじめ大勢の人々（ごく保守的な人も含めて）が大きな努力を払っている。政府関係の機関には、何パーセントの女性を雇わなくてはならないとか、少数民族が何パーセントいなくてはならない、といった割り当てまで決めて、これらの人々により多くのチャンスを与えようとしているのである。同じように、歩くことが不自由だからといって大学にくる機会が制限されてはならないとして、ほとんどの大学キャンパスは車椅子で十分暮していけるようになっているし、また目が不自由な人が入試の時に不利になってはならないとして、彼らに適した受験の方法を認めることにも熱心である。

しかし、誤解してはならないのは、これはあくまで公正な競争への努力であって、弱者の権利を守るということに直接にはつながらないということである。ある意味では、アメリカの社会は弱者には冷たい。子どもは必然的に弱者であるから、子どもの権利が十分に守られているとはいえない。アメリカの民主主義というのは、あくまでもおとなのなかでの民主主義であって、子どもに対してものわかりのいい顔をするということを必ずしも意味していないのである。子どもは、いつの日かおとなになって、自分も一人前に扱われたいと思いつつ大きくなっていく。

子どもの場合はまだいい。老人の場合はどうであろうか。仕事から引退し、自分の力で生きていくことがむずかしくなってきた人ほど、独立に執着する。競争社会のなかで何十年もの人生を送ってきた老人たちは、自分の能力の衰えをみせれば、他人からどれほどつけこまれるかをよく知っている。筆者らの友人の大学教授でも年配になってきた人ほど、自分の能力がまだ高いことをなんとかして誇示しようとする。なかには、自分の研究室にいくのにエレベーターを使わずに歩いていったり、多少派手な背広を着たりといったことをする人もある。もちろん、それだけによって自分の地位を守ることはむずかしい。彼の究極の能力の証明は、いい論文を書くことによってしか行ないえないのである。

もっと年をとって、自分一人で生活していくことが困難になったとき、彼らは本当につらい葛藤に直面するらしい。日本の社会では、人々は能力によってのみ価値を認められるのではない。少なくとも老人の場合には、息子や娘の世話になって余生を送ることは当然と考えられる。それを迷惑に思う息子や娘が多少ふえてきたとはいえ、世話になる老人のほうが肩身が狭いと思うことは少ないであろう。また、世間もそのことに対しては十分に寛容である。

しかし、徹底的に能力主義できているアメリカの老人の場合には、独立を失うことは、いわば人間としての価値を失うことにつながる、と受け取られる。これが無力感をもたらすことさえあるというのは、第9章で述べた通りである。

アメリカと日本の老人の比較をしている秋山弘子の話によると、アメリカでは金持ちの息子をもっていながら、一人で大きな家に住み、そのうちに歩行が不自由になると、ボランティアのもってきてくれる食事を頼りにしながら、しかもなお息子の世話になることや、息子と一緒に住むことを拒否する老人が少なくないという。これらの人々にとっては、自分が息子の世話にならないということこそ自分の能力の証明であり、しかも生きがいになっているのである。そのかぎりにおいて、彼らは辛うじて無力感をもたずにすんでいる、ともいえる。これに対して日本の場合だったら、自分の世話を喜んでしてくれる息子や娘を育てあげてきたというところに、老人の効力感の源泉を求めることさえ、無理ではないだろう。

ここでもまた、どんな場面で無力感や効力感が生ずるかは、社会的・文化的背景によって大いに影響されることがわかるだろう。

どちらがましな社会か

すでに前の章でも述べたように、日本もアメリカも、効力感を最大限に発揮させるということからすれば、具合のいい社会的条件を満たしているとはいえない（もっとも、ほかの特定の国が理想的だ、とも思われない）。アメリカの場合には、能力の証明へとつながる外的な成功が基準になって、活動や熟達に内在する満足感が無視されがちである。そういった社会では、たえず競争に勝ちつづけている人は一時的にせよ効力感をもつだろう。また、そのように外的な成功基準が強調されているにもかかわらず、それにもまさる内的な満足をもちうるような仕事についた人々は、やはり効力感をもつことができるであろう。しかし、そうでない多数の人々は、実際には効力感をもつことがむずかしいばかりでなく、無力感におちいりやすいのである。こうした社会では、能力不足を認めると、それは自分自身の人間としての価値をも疑わせることになり、自尊心がひどく傷つけられ、無力感におちいりやすい。だから、失敗をなんとか努力不足のせいにしておきたがるのだ。しかし、どんなに自分の失敗が能力の不足にあることを認めず努力を強調しようとも、それはきわめてむなしい響きしかもたないというのが、多くのアメリカ人の実感ではなかろうか。

これに対して日本の場合には、人々の社会的承認を求める傾向が大きい。社会的承認というのは、同じく外的な基準ではあるが、これは他人とのつながりを大切にするという点で、人々の実存的欲求の充足につながりやすい側面をもっている。また社会的承認は努力によっても決まるから、それは外的な成功基準によって、より左右されにくいともいえる。

このように考えてみると、現在の社会を効力感の条件としてくらべるかぎりでは、アメリカに比して日本の社会はまだましだともいえるかもしれない（もちろん、筆者たちはこの現状に満足すべきだとは思わない。これは第9章で論じたとおりである）。

できるだけ多くの人が効力感をもちうるために、日本で現在最も必要なことは、むしろ斉一主義からの脱皮であるように思う。つまり、それぞれの人々の多様な価値観が受け入れられ、それぞれの人々のはらう努力やなしとげた熟達の意味が、その人の価値観との関係において評価されるようになることであろう。

社会的承認に重きがおかれる社会のなかでは、ともすると斉一主義が強まり、人々は何をするにも他人の目を気にして暮さなければならない。日本型の「管理社会」の特色は、管理者が、この斉一主義を利用しつつ、被管理者の行動を細部に至るまで統制しようとするところにあるように思われる。たとえば、しばしば国外から非難される「働き中毒症」にしても、日本人のなかで根強い「努力信仰」の社会的所産というばかりでなく、働かないでいるとまわりの人々から非難されるかもしれない、といったいわば外側からの暗黙の強制に応えるという側面があるように思う。

これでは、可能な熟達の分野がますます狭くなってしまうし、自律性の感覚をもつことはもとより、自分の内的な満足を基準にして創造を試みることも、それを通して自己実現化をはかることも、ひどく困難になってしまうだろう。これこそが、わが国における効力感の発達にとっての最大の障害ではあるまいか。

人間を含めて動物には，その環境と効果的に相互交渉しようとする傾向があり，それが充足されることは内発的な快をもたらすという，動機づけについての新しい考え方を提唱した。この論文は20年以上たった今も，動機づけの研究者だけでなく発達研究者にも大きな影響を及ぼしている。心理学のなかで，近年，「効力感」「コンピテンス」の用語が多用されるようになった背景の一端にこの論文があるといっても過言ではない。

White, R. W. Motivation reconsidered: The concept of competence. *Psychological Review,* 1959, 66, 297-333.

を論じていく全体的枠組（カテゴリ）について，包括的かつ野心的な構想を発表している。本書で引用したのは，そのうちの一冊である下記の著書に含まれている「人間的欲求の理論」である。これは，従来の心理学者による，いわば羅列的な欲求のリストと異なり，それらを立体的に構造化したものと評価することができよう。

真木悠介『人間解放の理論のために』筑摩書房　1971.

＊8　セリグマン（Seligman, M. E. P.）

ペンシルバニア大学の心理学者。「獲得された無力感」の実験的研究の創始者である。この研究は，学習研究における認知的接近をうちたてるのに画期的役割を果しただけでなく，人間の心理病理学の分野においても，抑うつ状態の理解などに大きな貢献を果した。また，本文中でもふれたように，彼が導入したこの概念は，発達心理学者や教育研究者など多方面の人々に大きな影響を与えた。これらの功績に対して，1976 年に優秀な若手研究者のための賞がアメリカ心理学会から与えられた。

Seligman, M. E. P. *Helplessness: On depression, development, and death.* Freeman, 1975.

＊9　ウェイナー（Weiner, B.）

動機づけを専門領域とするカリフォルニア大学の社会心理学者。原因帰属と動機づけ，とくに達成欲求とを結びつけて理論を発展させた。これは，ある反応の結果生じた成功・失敗の原因をどこに求めるかの認知が，人間の行動の動機づけにおいて中心的な役割を演ずるというものであり，動機づけ研究全般に大きな影響を与えた。最近では，動機づけの要素として感情の役割を重視し，これを原因帰属理論のなかにとりこむことを試みている。

Weiner, B. A theory of motivation for some classroom experiences. *Journal of Educational Psychology,* 1979, **71**, 3-25.

Weiner, B. *Human motivation.* Holt, Rinehart & Winston, 1980.

＊10　ロバート・ホワイト（White, R. W.）

1959 年に「動機づけ再考：コンピテンスの概念」という論文を書き，

妙な実験で，外発的賞の導入が内発的興味を低下させることを見事に示し，この分野の研究に大きな刺激を与えた。この現象に対して彼は，外発的賞の導入によって，内発的興味から行なわれていた活動が，外発的賞を得るための手段として行なわれたと認知されるようになるためだ，という解釈を提出している。下記の文献のうちで編著のほうは，報酬のもたらす学習成績や興味の低下に関心を払っている第一級の研究者のほとんどが執筆しているものだが，彼はこのなかでも中心的な役割を果している。

Lepper, M. R., Greene, D. & Nisbett, R. E. Undermining children's intrinsic interest with extrinsic reward: A test of the "overjustification" hypothesis. *Journal of Personality and Social Psychology,* 1973, **28**, 129-137.

Lepper, M. R. & Greene, D. (Eds.) *The hidden costs of reward: New perspectives on the psychology of human motivation.* Lawrence Erlbaum Associates, 1978.

＊6　ルウィス（Lewis, M.）

アメリカの教育テストサービス（Educational Testing Service）所属の心理学者。乳幼児における知的発達，人格発達の研究を主な専門領域としており，彼の実験室で行なわれた厖大な研究結果にもとづき，野心的な理論化をすすめている。自己の概念ないし自己の有能さという感覚の発生の問題に関心をもち，セリグマンの「獲得された無力感」の概念をうまく適用しつつ，この始まりを乳児期のごく初期における環境（とくに母親）との相互交渉に求めている。

Lewis, M. *The origins of self competence.* Paper presented at the NIMH Conference on Mood Development, Washington, D. C., November, 1976.

＊7　真木悠介

社会学者，見田宗介（東京大学教養学部）のペンネームである。見田の著作で最も魅力的な点は，日常的な「質的」資料の意味を読みとっていく天才的な直観にあると思うが，この手続きを方法論的に検討した功績も大きい。同時に彼は，真木悠介の名前で，現代社会

＊3　デイビット・ジョンソン（Johnson, D. W.）
ミネソタ大学の心理学者で教育の社会心理学ともいうべき分野に主要な関心をもつ。とくに，協同的な文脈での学習が，競争的な文脈での学習や個別的な学習にくらべて，課題解決の質や相手の立場への共感や理解，学習や学校への好ましい態度の形成などにいかに促進的な効果をもつかを明らかにすべく，精力的に研究を行なっている。兄弟のR・ジョンソンとの共同研究も多い。

Johnson, D. W., Johnson, R. T., Johnson, J. & Anderson, D. Effects of cooperative versus individualized instruction on student prosocial behavior, attitudes toward learning, and achievement. *Journal of Educational Psychology,* 1976, **68**, 446-452.

Johnson, D. W., Johnson, R. T. & Scott, L. The effects of cooperative and individualized instruction on student attitudes and achievement. *The Journal of Social Psychology,* 1978, **104**, 207-216.

＊4　エレン・ランガー（Langer, E. J.）
ハーバード大学の社会心理学者。アメリカで最も生産的な女性心理学者の一人である。本章のテーマに関連していえば，彼女の研究の特徴は，人々が事態をみずからコントロールしうるという感じをもつのは，いかなる経験によるものであるかに焦点をあわせているところにある。つまり，無力感におちいる経験をたずねるかわりに，無力感から抜け出すのに必要な経験，あるいはさらに効力感をもたらす経験を追求しているともいえる。このよい例が第9章で紹介した老人を無力感から抜け出させるさまざまな方策とその効果を扱った研究であるが，こうしたアプローチは，手術前の患者，離婚しようとしている人々などにも適用されている。

Langer, E. J. The illusion of incompetence. In L. C. Perlmuter & R. A. Monty（Eds.）*Choice and perceived control.* Lawrence Erlbaum Associates, 1979.

＊5　レッパー（Lepper, M. R.）
スタンフォード大学の社会心理学者。保育場面での幼児を用いた巧

人名解説

（人物の肩書き、主要文献などは、初版刊行当時のまま）

＊1　ディシ（Deci, E. L.）

ロチェスター大学の社会心理学者。外発的賞（金銭やほめことばなど）が内発的動機づけにどのような影響を与えるかに関心をもち，一連の実験をもとに，「認知的評価理論」を提唱している。これによれば，外発的な賞には，他人を統制しようとする側面（「制御的側面」）と，結果の正否についての情報を与える側面（「情報的側面」）とがある。前者の側面が後者よりも強いと，その賞を与えられることにより，その行動をひきおこしている原因が，内側（自分）にあるのではなく，外側（他人）にあると知覚され，内発的動機づけは弱められる。しかし，後者の側面が強い賞のときは，自分のコンピテンス感（有能感）や自己決定感が強められるため，逆に，内発的動機づけは強められる，と主張している。

Deci, E. L. *Intrinsic motivation.* Plenum, 1975.（安藤延男・石田梅男訳『内発的動機づけ』誠信書房）

＊2　ドウェック（Dweck, C. S.）

イリノイ大学の心理学者。セリグマンが動物実験をもとに提出した「獲得された無力感」の概念を，学童に適用し，原因帰属理論と結びつけて，学業達成場面での「失敗」によりすぐ無力感におちいりやすい子どもと，そうでない子どもの特性を明らかにする研究を行なった。その結果，失敗に対して，それを自己の努力不足に帰因する傾向が強いと無力感におちいりにくいことを指摘した。この観点から，学業不振児の治療には，彼らの原因帰属を努力帰因の方向に変えさせることが有効だと説いた。また，この努力帰因傾向の個人差が，教室内で教師が生徒の言動や成績に与えるフィードバックにより形成される過程についても分析している。

Dweck, C. S. & Goetz, T. E. Attributions and learned helplessness. In J. H. Harvey, W. Ickes & R. F. Kidd（Eds.）*New directions in attribution research. Vol.2.* Lawrence Erlbaum Associates, 1977.

波多野誼余夫（はたの・ぎよお）

1935年生まれ．1958年，東京大学教育学部教育心理学科卒業．1964年，同大学院博士課程修了，慶應義塾大学教授などを務めた．専攻，発達心理学，認知科学．2006年逝去．

著書『文化心理学入門』〔共著〕（岩波書店），『入門教育心理学』〔共著〕（有斐閣），『自己学習能力を育てる』〔編〕『認知心理学５．学習と発達』〔編〕『音楽と認知』〔編著〕（いずれも東京大学出版会）

稲垣佳世子（いながき・かよこ）

1967年，お茶の水女子大学文教育学部教育学科卒業．1969年，同大学院修士課程修了．千葉大学教授を経て，現在，千葉大学名誉教授．専攻，発達心理学，幼児教育学．

著書『知的好奇心』『人はいかに学ぶか』（中公新書），『知力の発達』『知力と学力』（岩波新書）〔以上波多野と共著〕，『ピアジェ理論と教育』〔編〕（国土社），『生物概念の獲得と変化』（風間書房）

無気力の心理学

中公新書 *599*

1981年１月25日初版
2018年12月20日34版
2020年１月25日改版発行

著　者　波多野誼余夫
　　　　稲垣佳世子

発行者　松田陽三

本文印刷　暁印刷
カバー印刷　大熊整美堂
製　　本　小泉製本

発行所　中央公論新社
〒100-8152
東京都千代田区大手町1-7-1
電話　販売 03-5299-1730
　　　編集 03-5299-1830
URL http://www.chuko.co.jp/

Published by CHUOKORON-SHINSHA, INC.
Printed in Japan　ISBN978-4-12-180599-7 C1211